SILVER BURDETT
CIENCIAS

Edición del Centenario

GEORGE G. MALLINSON
Distinguished Professor
of Science Education
Western Michigan University

JACQUELINE B. MALLINSON
Associate Professor of Science
Western Michigan University

WILLIAM L. SMALLWOOD
Head, Science Department
The Community School
Sun Valley, Idaho

CATHERINE VALENTINO
Director of Instruction
North Kingstown School Department
North Kingstown, Rhode Island

SILVER BURDETT COMPANY
Morristown, New Jersey
Glenview, Ill • San Carlos, Calif. • Dallas • Atlanta • Agincourt, Ontario

SILVER BURDETT CIENCIAS

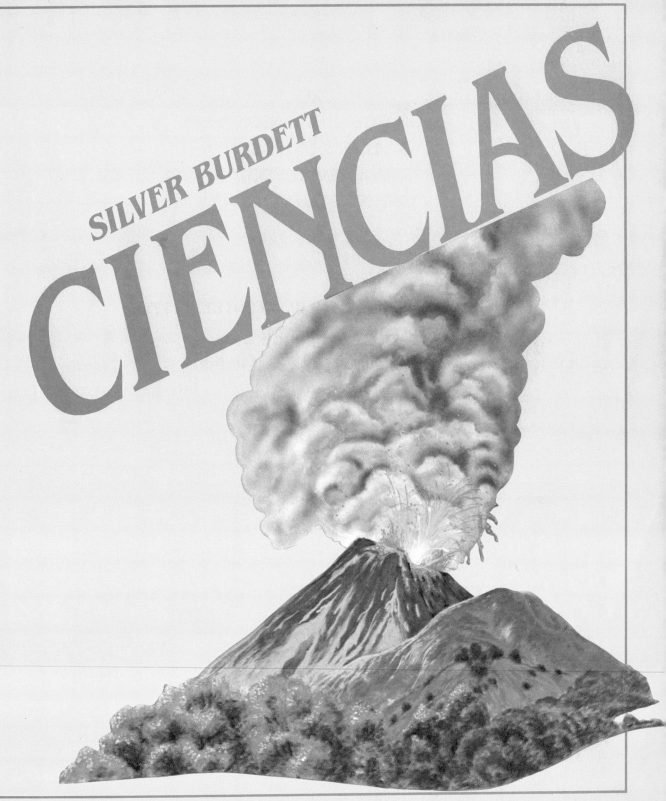

Edición del Centenario

AUTORES
GEORGE G. MALLINSON
JACQUELINE B. MALLINSON
WILLIAM L. SMALLWOOD
CATHERINE VALENTINO

PROGRAMA DE CIENCIAS DE SILVER BURDETT
NIVEL ELEMENTAL
TEXTOS PARA LOS ALUMNOS: K-6
EDICIONES PARA LOS PROFESORES: K-6

TRADUCTORES Y REVISORES

Rafael M. Fernández, Former Director, Bilingual Education Service Center, San Diego State University, San Diego, California

Noé E. Flores, Professor of Spanish and Education, Texas Wesleyan College, Texas

Lucy Gaspar, High School Teacher, University of Puerto Rico High School, San Juan, Puerto Rico

Thomas G. Hendricks, Principal, Huron Elementary School, Huron, California
Spanish Instructor, West Hill Community College, Lemoore Center, California

Alma Rashid Acuña, Bilingual Counselor, Former Coordinator, Intercambio Educativo, California/ Baja California, Mexicali, México

Rosalía Salinas, Curriculum Coordinator, San Diego County Office of Education, San Diego, California

Linda Stetson, Bilingual Director, San Dieguito Union High School District, Leucadia, California

Marta E. Waisman, Professor of Spanish and Mathematics, San Dieguito Union High School District, Leucadia, California

ISBN 0-382-13094-4

ÍNDICE

Observemos las plantas y los animales

Quizá creas que las plantas son muy diferentes de los animales. En ciertas maneras sí lo son. Pero las plantas y los animales también se parecen mucho. ¿Sabes cómo?

Mira las fotografías. ¿Puedes decir cuáles son plantas y cuáles son animales? ¿En qué forma se parecen estas plantas y estos animales? ¿En qué forma son diferentes?

En esta unidad vas a estudiar las plantas y los animales. Vas a aprender lo que necesitan para vivir. También vas a aprender cómo se parecen y cómo son diferentes.

Capítulo 1

Los animales

Hay muchas clases de animales. Unos viven en la tierra. Otros viven en el agua. La mayoría de los animales se mueven. Algunos caminan, otros se arrastran, unos vuelan y otros nadan. Muy pocos casi no se mueven.

¿Qué clases de animales viste hoy? ¿Eran todos del mismo tamaño? ¿De la misma edad? ¿Viste animales con su cría?

Todos los animales producen crías de su misma clase. ¿Qué pasaría si no fuera así? En este capítulo vas a aprender sobre los animales y sus crías. Vas a aprender cómo crecen y cambian las crías.

chapulín o
saltamontes

pez

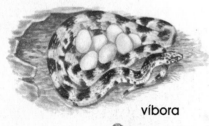

ave

Tortuga serpentina poniendo un huevo.

víbora

sapo

— LOS ANIMALES Y SUS CRÍAS —
¿Cómo producen sus crías los animales?

Quizá hayas visto huevos de gallina muchas veces. Pero, ¿habrás visto huevos de tortuga? ¿O huevos de saltamontes? Las tortugas, los saltamontes y muchos otros animales ponen huevos. ¿Cuáles animales conoces tú que pongan huevos?

La mayoría de los animales provienen del huevo. El huevo lo produce la hembra de los animales. El número de huevos producidos por cada clase de animal varía. Algunas aves ponen sólo un huevo por año, pero la mayoría de las aves ponen varios.

Otro animal, el sapo, pone hasta 6 000 huevos a un mismo tiempo. Sin embargo, el ostión u ostra puede poner hasta 500 millones de huevos a un mismo tiempo.

El huevo contiene todo lo necesario para formar un animal nuevo. Mira con ciudado esta fotografía de huevos de rana. ¿Puedes ver el nuevo animalito formándose en cada huevo?

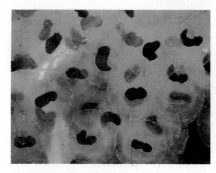

huevecillos de rana

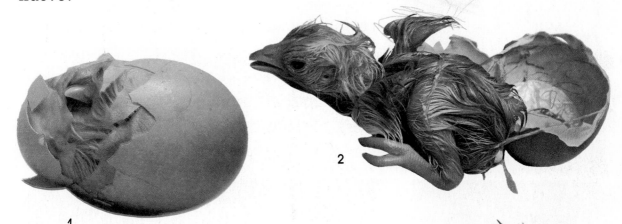

1

2

3

Muchos huevos tienen un cascarón o cubierta. La cubierta mantiene el huevo húmedo y no lo deja secarse. También protege el animalito que crece adentro. Los huevos de aves tiene una cáscara dura. Los huevos de tortuga tienen una cáscara más blanda como de piel. Los huevecillos de rana y de caracol tienen una cubierta suave y gelatinosa.

Cuando los animalitos han crecido lo suficiente, rompen su cascarón y salen. Esto se llama salida del cascarón. Aquí, puedes ver la salida del cascarón de un pollito.

Víbora con sus crías.

Algunos animales no ponen los huevos; la cría sale de sus huevos dentro del cuerpo de la hembra. Después de salir de su cubierta, la cría sale del cuerpo del animal. Los gupis, muchos tiburones y algunas víboras producen sus crías de esta manera.

Otros animales paren sus crías de una manera diferente, sin cascarón ni cubierta. Estas crías crecen de una manera especial adentro del cuerpo de la hembra. Cuando la cría nace, la madre produce leche para alimentarla. Las vacas, los perros y la mayoría de los mamíferos producen sus crías de esta manera. Un **mamífero** es un animal que tiene pelaje y alimenta a su cría con la leche materna.

Vaca y ternera recién nacida.

Puerca alimentando su cría.

¿Qué puedes aprender del huevo de una gallina?

Materiales   lupa / huevo hervido frío / huevo crudo / sopera

Procedimiento

A. Casca ambos extremos del huevo duro contra el borde de la sopera. Con cuidado, pélalo. Busca el espacio de aire en uno de los extremos del huevo. Examina un pedazo del cascarón con la lupa.

> **1.** ¿Cómo pudiste descubrir el espacio de aire?
>
> **2.** Describe el cascarón. ¿Para qué sirve?
>
> **3.** ¿Hay una cubierta dentro del cascarón?

B. Corta el huevo hervido por la mitad. Examínalo cuidadosamente.

> **4.** Describe lo que observes.

C. Abre cuidadosamente un huevo crudo sobre un plato. Compara el dibujo con el huevo verdadero.

> **5.** Señala las partes del huevo que puedas identificar.

D. Busca los cabos torcidos de la clara del huevo. Mantienen a la yema en su lugar.

> **6.** ¿Qué pasaría si se rompieran los cabos?

E. Identifica la mancha blanca en la yema. De aquí se desarrollaría el pollito si fuera a crecer de este huevo.

> **7.** ¿De dónde obtiene su alimento el pollito?

F. Compara la clara del huevo con la yema.

> **8.** Describe en qué se diferencian.

Conclusión

1. ¿Cuáles son las partes del huevo de una gallina?

2. ¿Qué da el huevo al animalito que crece adentro?

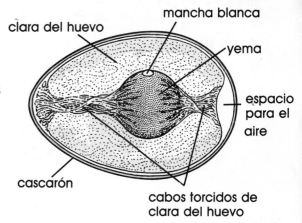

clara del huevo — mancha blanca — yema — espacio para el aire — cascarón — cabos torcidos de clara del huevo

LOS ANIMALES CRECEN Y CAMBIAN

¿Cómo cambian ciertos animales a medida que crecen?

Muchas crías son muy parecidas a sus padres. Algunas pasan por etapas de crecimiento. En cada etapa, se vuelven más parecidas a sus padres. Mira las fotos en esta página. Podrás ver que la rana cambia en cada etapa de crecimiento. ¿En qué se diferencia la rana adulta de la cría en la primera foto? ¿En qué se asemejan?

1
2
3
4

Los insectos también cambian a medida que crecen. Muchos pasan por cuatro etapas de desarrollo. Estas etapas son (1) huevo, (2) larva, (3) crisálida y (4) adulto. Algunos insectos que cambian de esta manera son las mariposas, las polillas y los escarabajos.

El **huevo** es la primera etapa del crecimiento. Los insectos ponen sus huevecillos dondequiera. Muchas veces los ponen en hojas o sitios que servirán de alimento para los insectos después que salgan del huevecillo.

Después de salir del huevo, la cría del insecto se llama **larva.** La larva es la segunda etapa del crecimiento. La larva siempre tiene mucha hambre; ésta está comiendo una hoja.

huevecillos de mariposa

crisálida de polilla gitana

larva de polilla

Después de algún tiempo, la larva deja de comer. Luego se hace una cubierta, un capullo, que por lo regular es duro. Ahora el insecto está dormido y se llama **crisálida.** La crisálida es la tercera etapa del desarrollo.

Mariposa monarca

Adentro del capullo, la crisálida cambia lentamente. Cuando termina el cambio, el insecto **adulto** sale del capullo. Ésta es la cuarta etapa del desarrollo. Ahora el insecto se parece a los adultos de su misma clase.

La mariposa en la fotografía es un adulto reciente. Sólo unos momentos antes era una crisálida dentro del capullo. La mariposa está descansando en el capullo que tenía cuando era crisálida. Cuando se sequen sus alas, la mariposa volará.

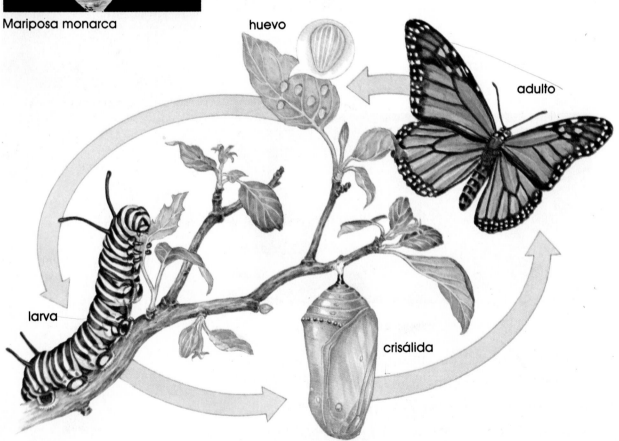

huevo

adulto

larva

crisálida

LAS ETAPAS DE CRECIMIENTO DE UNA MARIPOSA

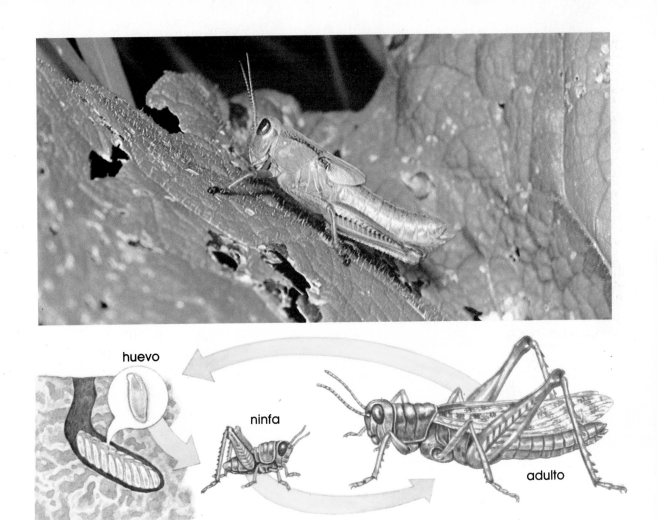

LAS ETAPAS DE CRECIMIENTO DE UN SALTAMONTES

Algunos insectos, como los saltamontes, pasan por sólo tres etapas de desarrollo. Éstas son (1) huevo, (2) ninfa y (3) adulto. Después de salir del huevo, la cría del insecto se llama **ninfa.** La ninfa no tiene alas. La ninfa se hace adulto cuando le crecen alas y puede volar.

¿Cómo cambia un gorgojo a medida que crece?

Materiales frasco / cereal seco / de 5 a 10 larvas de gorgojo / toallas de papel / pedazo de tela / liga

Procedimiento

A. Llena el frasco hasta la mitad con cereal. Luego pon de 5 a 10 larvas de gorgojo en el frasco.

  1. ¿En qué etapa de crecimiento están las larvas de gorgojo?

  2. ¿Cuál es la etapa de crecimiento que sigue?

  3. ¿Para qué crees que se usará el cereal?

B. Moja la toalla de papel y exprímele casi toda el agua. Pon la toalla en el cereal del frasco.

  4. ¿Qué crees que sacarán de la toalla las larvas de gorgojo?

C. Cubre el frasco con el pedazo de tela sujetándolo con una liga.

D. Pon el frasco en algún lugar donde esté cálido y seco. Limpia el frasco de vez en cuando. Cada vez que limpies el frasco, ponles cereal fresco y otra toalla de papel húmeda a las larvas.

E. Haz nota de los cambios de las larvas de gorgojo a medida que crecen. Apunta estos cambios en una tabla como la que se ve aquí. Describe cómo se ven y cómo se comportan las larvas de gorgojo en cada etapa de su crecimiento.

Conclusión

1. ¿Hubo una etapa de crecimiento que no viste? ¿Cuál?

2. ¿En qué forma cambia un gorgojo en cada etapa de su crecimiento?

3. ¿Qué clase de insecto es un gorgojo?

Fecha	Etapa	Descripción

EL CUIDADO DE LA CRÍA
¿Cómo cuidan los padres animales a su cría?

Algunas crías de animales pueden cuidarse a sí mismos desde que nacen. No necesitan ayuda de sus padres. La mayor parte de los peces están por su cuenta desde que salen del huevecillo. Las tortugas recién nacidas caminan y comen como adultos.

¿Sabías esto?
Muchos peces ponen sus huevecillos y los abandonan. Pero algunos peces son padres muy cuidadosos. La hembra del caballito marino pone unos 200 huevecillos. Luego el macho los lleva en una bolsa en su bajo vientre hasta que los caballitos salen del huevecillo.

El pez gato o bagre marino se acomoda los huevecillos en el hocico y los lleva allí hasta que salen las crías.

Caballito de mar padre con los huevecillos.

Petirrojo alimentando su cría.

Leona cargando su cachorro.

Otras crías no pueden vivir sin sus padres. Tienen que ser atendidos por uno o los dos. Casi todas las aves son así. Estos petirrojos morirán si no los alimentan. ¿Por qué? Aparte de la alimentación, ¿en qué otra forma se les debe cuidar?

Los mamíferos también necesitan atención después de nacer. ¿Cuál es la manera especial en que se cuidan todos los mamíferos?

Muchos mamíferos recién nacidos son indefensos. Algunos, como los cachorros de oso, nacen ciegos y sin pelaje. Algunos, como los perritos y gatitos, no pueden pararse solos.

Pero los ciervos o los búfalos son diferentes.
Éstos pueden ver en seguida. Pueden pararse
unos minutos después de haber nacido.
Pasada una hora, pueden seguir a su madre a
dondequiera que vaya.

Perra alimentando a sus perritos.

Búfalo con su becerro recién nacido.

A descubrir

¿Cómo cuida de su cría un canguro? El canguro pertenece a un grupo especial de mamíferos. Estos mamíferos cuidan de sus crías de una manera muy diferente a los otros.

Lee sobre los canguros en libros de animales. Averigua cómo se cuida la cría del canguro. Busca también otros animales que cuiden sus crías de la misma manera. ¿Qué nombre se le da a este grupo especial de mamíferos?

Las crías de mamíferos necesitan más que alimento. Necesitan protección de otros animales que pueden lastimarlos. También, algunos mamíferos necesitan destrezas especiales para vivir por sí solos. Las crías aprenden estas destrezas observando a sus padres. ¿Qué destrezas están aprendiendo estos ositos?

Osa parda de Alaska con sus cachorros.

Los mamíferos necesitan menos cuidado a medida que crecen en edad y en fuerzas. Estos cachorros de león cazan su propio alimento. Pronto podrán vivir por sí solos. No necesitarán del cuidado de sus padres.

Cachorros de león cazando

CONCEPTOS PARA RECORDAR

▶ La mayoría de los animales provienen del huevo.

▶ Algunos animales producen cría que sale del huevo adentro del cuerpo de la hembra.

▶ La mayoría de los mamíferos paren crías vivientes.

▶ Muchos insectos pasan por cuatro etapas de crecimiento o desarrollo: huevo, larva, crisálida y adulto.

▶ Algunas crías de animales pueden vivir por su cuenta. Otras crías necesitan el cuidado de sus padres.

Repaso del capítulo

TÉRMINOS CIENTÍFICOS

A. Usa los términos que aparecen a continuación para completar las oraciones.

crisálida   huevo   adulto   ninfa   larva

Algunas crías de animales se parecen a sus padres; otros no. Muchos insectos pasan por cuatro etapas de crecimiento antes de que se parezcan a sus padres. La primera etapa es el __1__. Después de la salida del huevo, a la cría del insecto se le llama la __2__. Más tarde, la cría se hace una cubierta, un capullo. Ahora se le llama una __3__. Adentro del capullo, el insecto está cambiando. Cuando termina el cambio el insecto __4__ sale del capullo. Algunos insectos, como el saltamontes, pasan sólo por tres etapas de crecimiento. Éstas son las etapas de huevo, de __5__ y de adulto.

B. Desenreda cada grupo de letras para encontrar un término científico de este capítulo. Escribe una oración usando cada término.

1. secinto   **2.** ímamfero   **3.** voueh

COMPRENSIÓN DE LAS IDEAS

A. Escribe la letra que indica el animal que mejor corresponda a cada descripción

1. La cría sale del huevo adentro del cuerpo de la hembra.
2. Pone huevos de cascarón duro.
3. Pone huevos de cubierta gelatinosa.
4. Tiene tres etapas de crecimiento.
5. Tiene pelaje y mama leche de su madre.

   a. saltamontes
   b. mamífero
   c. ave
   d. gupy
   e. rana

B. Los dibujos muestran las etapas de crecimiento de una polilla. Escribe los números de los dibujos en el orden correcto.

C. Algunos animales tienen muchas crías. Otros tienen pocas. ¿Qué animales crees que atienden mejor a sus crías? Explica tu respuesta.

LAS IDEAS EN LA PRÁCTICA

1. Camina alrededor de tu vecindario. Haz una lista de los animales que veas. ¿Cuáles de estos animales ponen huevos? ¿Cuáles paren crías vivientes?

Capítulo 2

Los animales son importantes

¿Cuál animal, crees tú, es el más importante para el hombre? Bueno, es difícil decir. De alguna manera u otra, casi todos los animales son importantes para el hombre. Mucha gente tiene animales como compañeros. Mucha gente también usa muchas cosas que vienen de los animales.

En esta fotografía vemos un animal muy útil para la gente. Hace años, muchas ballenas como ésta nadaban en los océanos. Hoy hay menos ballenas que antes. ¿Qué crees tú que le pasó a las ballenas?

En este capítulo vas a aprender por qué son importantes los animales para el hombre. También vas a aprender por qué debemos proteger algunos animales.

— ALIMENTOS QUE NOS DAN — LOS ANIMALES

¿Cuáles alimentos vienen de los animales?

Muchas de las cosas que utilizas todos los días vienen de los animales. Quizá comes alimento que viene de los animales. Muchas de las prendas de vestir que te pones vienen de los animales. Sin los animales, no habría muchas de las cosas que tienes.

Ordeño de vacas.

Criadero de cerdos.

Quizá bebes leche todos los días. La leche es un alimento importante que viene de las vacas. Con la leche se puede hacer queso y mantequilla. El ganado vacuno produce carne. La carne del ganado vacuno se llama carne de res.

La gente come carne de otros animales también. La carne de los cerdos se llama carne de puerco. El jamón y el tocino también vienen del cerdo. Se come también la carne de

Mercado de carne.

22

los pollos, de los pavos o guajolotes y de los patos. Las aves de las que nos alimentamos se llaman **aves de corral.** ¿Cuáles otros alimentos vienen de las aves de corral?

El ganado vacuno, los cerdos y las aves de corral son criados por el hombre. Otros animales que nos alimentan no son criados por nosotros. Muchos de estos animales viven en el mar, en los ríos y en los arroyos. Estos animales son silvestres y es necesario pescarlos. ¿Has comido atún o salmón alguna vez? El atún y el salmón son peces. La mayor parte del atún y del salmón vive en el agua salada de los mares. Para pescar estos peces se usa una gran red. Aquí puedes ver como muchos pescados son atrapados a una vez.

Recolección de huevos.

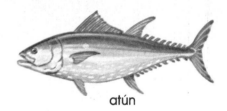

atún

salmón

Pesca en el océano.

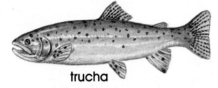

Pesca en agua dulce.

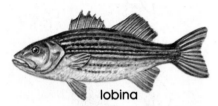

trucha

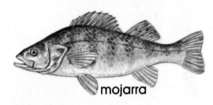

lobina

mojarra

Otras clases de peces son pescados en el agua dulce de los ríos, los lagos y los arroyos. Algunos de estos peces son la lobina, la trucha y el bagre. En algunas partes del mundo, el pescado es un alimento muy importante.

¿Sabías esto?

Sin el trabajo de las abejas no habría miel. Las abejas sacan el néctar dulce de las flores. De ahí, lo llevan a su colmena. En la colmena el néctar se convierte lentamente de un líquido acuoso a uno espeso. Este líquido espeso es la miel.

No toda la miel es igual. El sabor y el color de la miel depende de la clase de flor de la cual vino el néctar.

Abeja en la flor "diente de león"

LAS PERSONAS CRÍAN OTROS ANIMALES
¿Cuáles animales útiles crían las personas?

Muchas cosas útiles vienen de los animales. Quizá tú hayas usado algunas. ¿Has dormido alguna vez en una almohada de plumas? Las plumas que encontramos en muchas de las almohadas son de pato o de ganso. Estas plumas se llaman **plumón.** El plumón se usa también en abrigos y bolsas de dormir.

La lana también es algo muy útil que viene de los animales. El pelaje de las ovejas se llama lana. En la fotografía puedes ver cómo se corta o esquila la lana de la oveja. Esta

Chaqueta rellena de plumón

lana puede usarse para hacer ropa o cobijas. Muchas cosas hechas de lana siempre son muy cálidas y suaves.

Algunas pieles de animales también son útiles. Las pieles de ganado vacuno, de ovejas y de cerdos se llaman **cueros.** La mayoría de estos cueros se usan para hacer zapatos o ropa de cuero. También se hacen cinturones, guantes y pelotas de cuero.

objetos de cuero

Perro lazarillo

Si tienes un animal doméstico de compañero, ya conoces otra razón por la cual son importantes los animales. Los perros y los gatos pueden ser buenos compañeros. Nombra otros animales que podemos domesticar.

Los perros son importantes para el hombre en otras formas. Algunas veces se entrenan los perros para ayudar a la gente que no puede ver, a los ciegos. Los perros también son entrenados para proteger la propiedad.

También hay animales en los que depende la gente. Estos animales ayudan a la gente a trabajar. En algunas partes del mundo, los elefantes se usan para levantar pesados leños. En esta fotografía vemos cómo el caballo nos ayuda a juntar y arrear ganado vacuno. Los caballos también se usan para tirar cargas. Quizá tú puedas nombrar algunos animales que nos ayudan de alguna otra forma.

Elefante trabajando

Vaqueros arreando ganado

A descubrir

¿Cómo ha cambiado la forma en que utilizamos a los animales? Hace muchos años, la gente usaba los animales para muchos trabajos. Hoy en día, las máquinas realizan gran parte del trabajo que hacían los animales.

Lee acerca de cómo se usaban los animales para trabajar hace muchos años. Haz una lista de los diferentes trabajos. Escribe el nombre del animal que se usaba para ese trabajo. Entonces, escribe cómo se hace ese trabajo hoy en día.

¿Cómo te resultan útiles los animales?

Materiales colores / papel cartoncillo / fotografías o dibujos de revistas / etiquetas / goma de pegar

Procedimiento

A. Haz una tabla como la que aparece aquí. Haz los títulos para la tabla: escribe *alimento, ropa y trabajo* en cada uno de los demás títulos.

B. Busca etiquetas de botes, ropas y otros objetos que demuestren que esos productos son de origen animal.

   1. ¿Qué animales se usan para los productos que utiliza la gente?

C. Pega las etiquetas y las ilustraciones debajo del título correspondiente.

   2. ¿Cual título tiene más productos de animales?

   3. ¿Qué clase de productos crees que son más importantes? Explica tus respuestas.

Conclusión

1. Describe la forma en que la genta usa los animales.

2. Nombra las cosas que se pueden usar en lugar de los productos procedentes de animales.

3. ¿Los animales son importantes para la gente? ¿Por qué?

La ciencia en la práctica

¿Por qué se podría convertir en un problema el hecho de que la gente use los animales?

ANIMALES EN PELIGRO DE EXTINCIÓN

¿Por qué están en peligro de extinción algunos animales silvestres?

Muchos animales silvestres son importantes para nosotros por su carne, su piel y otras cosas. Por eso la gente siempre los han cazado.

Muchas ballenas nadaban en los océanos. Nadaban juntas en grandes grupos. Pero los humanos necesitaban su grasa, que se usaba para hacer aceite. El aceite se quemaba en las lámparas para dar luz. Las ballenas también eran importantes por su carne y su hueso. Por eso la gente cazaba y mataba las ballenas. Poco a poco se fueron acabando. Se mataban más de las que nacían. Cuando quedan muy pocos animales de una clase, se dice que esta clase de animal está en **peligro de extinción.** Ahora, las ballenas son una clase de animales en peligro de extinción.

ballena corcovada o jorobada

carey

Como las ballenas, muchos otros animales silvestres están en peligro de extinción. Han cazado y matado a demasiados. A algunas tortugas las han matado por sus conchas, para usar en joyería. A los felinos silvestres como los tigres y los leopardos los matan por

tortuga de tierra

tigre de Bengala

leopardo

sus pieles. A los elefantes los cazan por sus largos colmillos blancos. Estos colmillos son de marfil. El marfil se usa para hacer muchas cosas bellas. Todos estos animales están ahora en peligro de extinción.

Algunos animales silvestres están en peligro debido a otra razón. La gente ha transformado los lugares donde viven estos animales silvestres. Cuando esto ocurre, los animales no tienen dónde criar sus hijuelos.

Muchos de los sitios donde vivían los elefantes han sido transformados. Muchos de los elefantes viven en llanos de pastura. Estos llanos han sido transformados porque la gente necesita más tierra para sembrar,

elefante africano

31

labrar y construir casas y caminos. Ahora hay menos campo para los elefantes.

El águila capuchina o de cabeza blanca es un animal que también está en peligro de extinción. La gente ha desmontado muchos bosques donde las aves construyen sus nidos. Sin tener donde anidar, el águila capuchina no puede producir su cría. La gente usa venenos para matar las plagas de insectos. Los peces se comen estos insectos; luego, las águilas se comen a su vez estos peces. El veneno puede causar daño a las águilas.

águila capuchina en su nido con su cría

¿Qué animal importante soy yo?

Materiales   papel cartoncillo / retrato o dibujo de un animal / goma de pegar / perforador / estambre

Procedimiento

A. Pega el retrato o dibujo del animal en el papel cartoncillo. Piensa en cosas que sepas del animal.

  1. ¿Cuál es el nombre del animal?
  2. ¿Dónde vive el animal?
  3. ¿Qué come el animal?
  4. ¿Es útil el animal para la gente?
  5. ¿Está el animal en peligro de extinción?
  6. ¿Has visto este animal? ¿Dónde?

B. Haz dos hoyos en el papel con el perforador.

C. Mete un pedazo de estambre por los dos hoyos. Ata los dos extremos al papel, haciendo un gajo.

D. Pon el papel en una caja grande.

E. Alguien sacará uno de los papeles para colgártelo a tu espalda. Trata de adivinar cuál animal es. Haz preguntas sobre el animal para ayudarte a adivinar su nombre.

Conclusión

1. ¿Cuáles animales son útiles para la gente?

2. ¿Cuáles animales están en peligro de extinción?

La ciencia en la práctica

¿Cómo cambiaría tu vida si no hubiera animales domésticos de rancho, animales compañeros y animales silvestres?

— LOS ANIMALES NECESITAN — A LA GENTE

¿Cómo se protegen los animales que están en peligro de extinción?

pájaro dodó

Este animal se llama dodó. Este animal sólo lo puedes ver en dibujos. El dodó es un animal extinto. Aquí está un cóndor de California. Hoy existen menos de 50 de estas aves. Estas aves viven en un refugio para animales silvestres. Un **refugio para animales silvestres** es un sitio donde estos animales están libres del peligro. Si no hubiera refugios, muchos animales como el cóndor quedarían extintos, se acabarían.

También hay leyes, hechas por los hombres, que protegen los animales. Estas leyes

cóndor de California

controlan la caza, la pesca y la caza con trampas. Es posible cazar o pescar algunas clases de animales silvestres. Sí se permite cazar o pescar algunas otras clases de animales, pero sólo durante ciertos períodos. Esto es para proteger a algunas clases de animales mientras están teniendo sus crías. Leyes como éstas ayudan a proteger muchos animales en peligro de extinción.

Sitio seguro para las águilas

Control de caza

CONCEPTOS PARA RECORDAR

- ► Muchas cosas útiles vienen de los animales.
- ► La gente cría animales que son útiles.
- ► Se cazan y se matan muchas clases de animales silvestres.
- ► Algunas clases de animales silvestres están en peligro.
- ► Se protege a muchas clases de animales silvestres.

Repaso del capítulo

TÉRMINOS CIENTÍFICOS

A. Usa todos los términos a continuación para completar las oraciones que siguen.

aves de corral cueros ganado vacuno plumón vacas

Muchas de las cosas que usas todos los días vienen de los animales. Quizá bebes leche que viene de las __1__ y comes carne de res que viene del __2__. También se come la carne de pollo, de guajolote y de pato. Las aves que se usan para comer se llaman __3__. También hay otras cosas útiles que vienen de los animales. Las plumas suaves que vienen de los patos y de los gansos se usan para hacer almohadas. A estas plumas se les llama __4__. La piel de las ovejas, los cerdos y el ganado vacuno también es útil. A estas pieles se les llama __5__.

B. Encuentra las letras que le faltan a cada término. Escribe una oración usando cada término.

1. an _ m _ l en _ el _ gr _ d _ _ _ t _ n _ ión
2. e _ t _ nt _
3. r _ f _ gi _ de _ n _ m _ l _ s s _ lv _ st _ _ _

COMPRENSIÓN DE LAS IDEAS

A. Escribe la letra que indica el término que mejor corresponda a cada animal. No se usarán todos los términos.

1. oveja o borrego	**a.** marfil
2. ballena	**b.** piel
3. ganado vacuno	**c.** tocino
4. elefante	**d.** lana
5. cerdo	**e.** plumón
6. leopardo	**f.** carne de res
	g. grasa

B. Haz una tabla como la que ves abajo. Escribe los nombres de los animales en este capítulo bajo cada título.

Animales útiles criados por el hombre	Animales silvestres cazados por el hombre	Animales en peligro de extinción

C. Di qué pasaría si murieran más aves en peligro de extinción de las que nacen.

LAS IDEAS EN LA PRÁCTICA

1. Haz un cartelón para informar a la gente acerca de un animal en peligro de extinción.

Capítulo 3

Las plantas de semilla

¿Qué tipo de plantas viste hoy? ¿Se parecían algunas de ellas a las de esta fotografía? Estas plantas parecen muy diferentes. Son diferentes en forma y tamaño. Algunas son de diferentes colores. Aunque estas plantas parecen ser diferentes, son parecidas. Todas son plantas de semilla. ¿Por qué crees que se les llama plantas de semilla?

Muchas de las plantas de semilla tienen las mismas partes. Estas partes no siempre se parecen pero su función es igual.

En este capítulo vas a aprender acerca de las plantas de semilla. Vas a aprender de sus raíces, sus tallos, sus hojas, así como de otras partes.

LAS RAÍCES
¿Cuál es la función de las raíces?

¿Has tratado alguna vez de desyerbar un terreno? ¿Las sacaste con facilidad? Las hierbas y muchas otras plantas de semilla tienen raíces que crecen en la tierra. En algunas plantas, las raíces crecen a más de seis metros de profundidad. Las raíces sostienen a las plantas en su lugar. Mira estas palmas. Por lo regular, ni un viento fuerte las derriba.

¿Qué función tienen las raíces? Las raíces absorben el agua y los minerales que las plantas necesitan. Las plantas necesitan minerales para crecer y mantener su salud.

Palmeras en una tormenta

El agua y los minerales pasan de las raíces al tallo por unos pequeños tubos.

En algunas plantas, las raíces almacenan el alimento. ¿Has comido alguna vez zanahoria, rábano, betabel o remolacha? Si los has comido, entonces has comido una raíz con alimento almacenado.

Diferentes clases de plantas tienen diferentes clases de raíces. Algunas plantas tienen una raíz grande y otras más pequeñas. La raíz grande se llama la **raíz principal.** Otras plantas tienen muchas raíces, casi todas del mismo tamaño. Estas raíces se llaman **raíces fibrosas.** Mira las plantas en la lámina. ¿Cuáles tienen raíces fibrosas? ¿Cuáles tienen una raíz principal?

| diente de león | trigo | remolacha | junco |

Otro tipo de raíz es la **raíz zanco.** Las raíces zanco son raíces que crecen del tallo. En algunos árboles estas raíces crecen de las ramas hacia abajo. Las plantas de maíz y los mangles tienen raíces zanco. ¿Puedes imaginarte de dónde vino el nombre de estas raíces?

mangles

raíces zanco

A descubrir

La mayor parte de la planta, ¿crece debajo o arriba de la tierra? Consigue una planta en una maceta. Saca la planta de la maceta. Lava las raíces quitándoles toda la tierra. Pon la planta en un periódico y extiéndele cuidadosamente las raíces y las hojas.

Dibuja un círculo alrededor de las raíces. Ahora, dibuja otro círculo alrededor de la parte de la planta que estaba arriba de la tierra. Usando las líneas que dibujaste, recorta el periódico.

Ahora, dobla el papel por el tronco de la planta. Compara los dos círculos. ¿Cuál es más grande, la parte de las raíces o la otra parte? ¿Dónde crece más esta planta, arriba o debajo de la tierra?

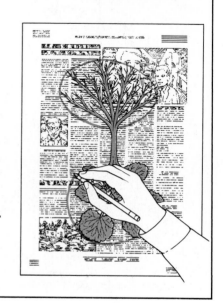

42

LOS TALLOS
¿Cuál es la función de los tallos?

Los tallos de la mayoría de las plantas crecen sobre la tierra. Los tallos sostienen las hojas, las flores y otras partes de las plantas. Por lo regular, los tallos crecen hacia arriba. Pero las fresas y otras plantas tienen tallos que crecen al ras de la tierra. Otras plantas tienen tallos que crecen debajo de la tierra. La papa es un tallo que crece debajo de la tierra.

fresas

zinnias o cagigales

papas

43

Ya sabes que las plantas necesitan agua y minerales. Estos alimentos los absorben las raíces y los pasan al tallo. Los tallos tienen unos tubitos pequeñitos como los que tienen las raíces. El agua y los minerales son llevados a todas las partes de la planta por estos tubitos. Mira las fotografías. ¿Cómo demuestran que el tallo lleva estos alimentos a otra parte de la planta. La flor roja, blanca y azul era toda blanca, como la de la izquierda. Pero su tallo fue dividido en tres partes. Cada parte llevó agua de distinto color a la flor.

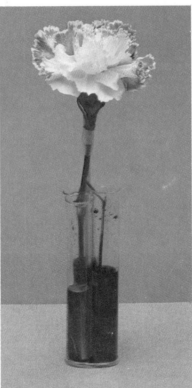

Hay cuatro clases principales de plantas de semilla. Éstas son (1) árboles (2) arbustos (3) hierbas y (4) enredaderas o trepadoras. Cada una tiene tallo distinto.

La mayor parte de los **árboles** tienen un tallo principal que se llama tronco. El tronco es un tallo leñoso tieso y duro, cubierto por corteza. El arce, el roble, el pino, son tipos comunes de árboles.

Un **arbusto** es más pequeño que un árbol y tiene muchos tallos leñosos. Los rosales y las lilas son tipos de arbustos.

Pino

Arbusto de lila francesa.

Arce

45

Campo de zacate

Cardillo en un campo de flores silvestres.

Lirio de los pantanos

Las plantas **herbáceas o hierbas** constituyen otro tipo de plantas de semilla. Las hierbas son plantas pequeñas con tallos blandos en vez de tallos leñosos. El zacate, las flores y la mayoría de los hierbajos o malas hierbas son tipos de plantas herbáceas. El cardillo es un hierbajo que es una planta herbácea.

Muchas hierbas se usan como alimento. Éstas se llaman hierbas hortenses. ¿Has comido alguna hierba como el perejil, la cebolleta o el cilantro?

calabaza

hiedra inglesa

La parra es otra clase de planta de tallo blando. Las viñas no pueden sostenerse de por sí. Trepan enredándose en otras cosas o se arrastran en el suelo. El pepino, la calabaza y la hiedra son enredaderas o trepadoras.

¿Sabías esto?

El bambú es un tipo de hierba o planta herbácea que puede crecer más alto que un árbol. Pero el bambú tiene el tallo hueco. Algunos tallos miden más de 20 cm de ancho. El bambú crece rápidamente. Una clase de bambú crece dos cm por hora.

El bambú se usa de muchas maneras. Las semillas, las hojas y las plantas tiernas se usan como alimento. Los tallos se usan para hacer muebles, papel y cestos o canastas.

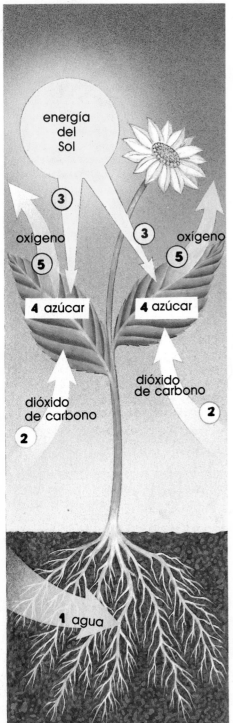

energía
del
Sol

③

oxígeno
⑤

4 azúcar

dióxido
de carbono

②

③ oxígeno

⑤

4 azúcar

dióxido
de carbono

②

1 agua

LAS HOJAS
¿Cuál es la función de las hojas?

Las plantas verdes hacen su propio alimento. La mayor parte del alimento se hace en las hojas de las plantas. Las hojas de las plantas se pueden comparar con una fábrica. Hay que llevar cosas a la fábrica antes de que se puedan hacer productos.

¿Qué cosas necesita una fábrica? ¿Cómo se llevan esas cosas a la fábrica? Una hoja también necesita ciertas cosas antes de poder hacer alimento. Mira el dibujo. (1) Una cosa que necesita es agua. El agua penetra a través de las raíces y es llevada por los tallos a las hojas. (2) La hoja necesita también un gas llamado dióxido de carbono, que se encuentra en el aire. Penetra en las hojas a través de pequeñas aberturas en la superficie de la hoja. (3) La fábrica y la hoja necesitan energía. La fábrica obtiene energía quemando carbón y otros combustibles. La hoja obtiene energía del Sol. (4) El alimento hecho por las plantas es azúcar. Las plantas usan el alimento que hacen para vivir y crecer. Otros seres vivientes también usan el alimento que hacen las plantas. ¿Cómo usas el alimento que hacen las plantas? La mayoría de los seres vivientes necesitan oxígeno para sobrevivir. Las plantas verdes descargan un gas llamado oxígeno en el aire.

plátano

enebro

olmo americano

areca

Algunas hojas son grandes y otras son pequeñas. Las hojas grandes pueden hacer más alimento que las pequeñas.

Las hojas tienen diversas formas. Mira estas fotos de hojas. Algunas tienen forma de espinas, otras son largas y planas con bordes lisos. Otras más tienen los bordes dentosos. Algunas hojas tienen forma de escamas de pescado. La gente usa las formas de las hojas para saber de qué planta vinieron y poderlas identificar. ¿Por qué las hojas tienen diferentes formas?

nopales

49

¿En qué se diferencian unas hojas de otras?

BORDES DE LAS HOJAS

dentosos   lisos   lobulados

DISEÑOS DE LAS VENAS

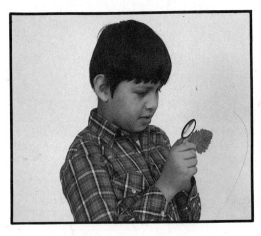

X   Y   Z

Materiales hojas de dos plantas diferentes / lupa

Procedimiento

A. Mira la forma de cada hoja. Algunas son angostas y otras son anchas. Algunas son cortas y otras son largas. Algunas son redondas y otras son puntiagudas.

  1. ¿Cuál es la forma de las hojas que tú tienes?

B. Con la lupa, mira el borde de cada hoja. Hojas diferentes tienen bordes diferentes. Los bordes pueden ser lisos, dentosos, o lobulados. Compara tus hojas con las hojas en el dibujo.

  2. ¿Qué clase de bordes tiene cada una de tus hojas?

C. Hojas distintas tienen distintos diseños de venas. Algunas hojas tienen venas que comienzan en el tallo. Algunas hojas tienen una vena grande y muchas otras pequeñas. Compara tus hojas con las del dibujo que muestra los diseños de venas.

  3. ¿Cuál de estos diseños de venas tiene cada una de tus hojas?

D. Dibuja cada una de tus hojas. Muestra la forma, el tipo de borde y el diseño de venas de cada una.

Conclusión

¿En qué se diferencian tus dos hojas entre sí?

— LAS FLORES Y LAS SEMILLAS —
¿Cuál es la función de las flores y de las semillas?

Muchas plantas verdes son plantas de semillas. Algunas, como los árboles y los arbustos, viven por muchos años. Otras, así como la hierba, viven sólo un año y luego mueren.

Las semillas se forman en distintos modos. La mayoría de las plantas de semilla producen primeramente flores. Las flores se forman en los tallos.

forsythia

El verano en un estanque

alyssum

El otoño en un estanque

Manzano silvestre en flor

51

Cómo se forman las manzanas

Vainitas de chícharo

La flor cambia lentamente a medida que crece. Pasado algún tiempo las partes exteriores de la flor se secan y se caen. Al mismo tiempo, la parte interior de la flor empieza a crecer. Esa parte se convierte en una fruta. Las semillas se forman adentro de la fruta.

Cuando piensas en una fruta, probablemente pienses en una manzana o una pera. Pero las nueces, los melones y las vainitas de chícharo son frutas también. Aún una vainita de algodoncillo es una fruta.

¿Cuáles otras frutas puedes nombrar? Probablemente hayas comido muchas frutas diferentes. Algunas frutas son buenas para comer, pero muchas no lo son. Una fruta como la vainita del algodoncillo no debe comerse nunca.

¿Has visto alguna vez árboles como los de estas fotografías? Éstas son plantas de semillas, pero no dan flores. En vez de flores dan conos o piñas. Las semillas se forman adentro de las piñas. Cuando las piñas se secan, se abren y las semillas caen al suelo.

Semillas de melón

Cono o piña de pino blanco

Cono seco con semillas

53

Cada semilla tiene una cubierta que se llama **cáscara de la semilla.** Adentro está una planta pequeña. Tiene una raíz pequeña, un tallo y una hoja. También en la semilla está almacenado el alimento. Busca las partes de la semilla en el dibujo.

Las semillas son de distintas formas y de distintos tamaños. Pero todas las semillas se parecen en una cosa: pueden producir plantas nuevas. ¿En qué se diferencian las semillas de las fotos?

Vainitas con cubierta espinosa

Nueces de nogal americano

Vainitas de algodoncillo con semillas

vainitas de álamo con semillas

Una semilla puede producir una planta nueva solamente si germina. La semilla **germina** cuando la planta pequeñita que está adentro empieza a crecer. Esto ocurre sólo cuando las condiciones se prestan para que crezca la planta. ¿Cuáles crees que son estas condiciones? A medida que crece la planta pequeñita, ésta usa el alimento almacenado en la semilla. Más tarde, cuando la planta ha echado hojas, la planta fabrica su propio alimento.

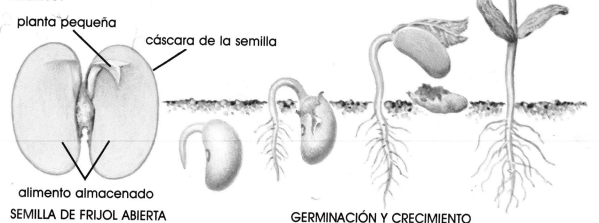

planta pequeña

cáscara de la semilla

alimento almacenado

SEMILLA DE FRIJOL ABIERTA

GERMINACIÓN Y CRECIMIENTO

¿Germinan todas las semillas al mismo tiempo?

Materiales toallas de papel / un frasco / 3 semillas de rábano / 3 semillas de zacate o hierba / 3 semillas de maíz

Procedimiento

A. Dobla una toalla de papel en una tira. La tira debe ser tan ancha como la altura del frasco.

B. Moja la toalla de papel y ponla alrededor del interior del frasco. Ahora llena el frasco con toallas de papel mojadas.

C. Con cuidado, pon las semillas de rábano entre el frasco y la tira de papel. En otro lugar, pon 3 semillas de zacate o hierba entre el frasco y la toalla. En otro lugar adentro del mismo frasco pon 3 semillas de maíz.

  1. ¿Cuáles semillas crees que germinarán primero?

  2. ¿Cuáles semillas crees que germinarán últimas?

D. Haz una tabla como la que ves aquí.

E. Mira el frasco todos los días. Mantén húmeda la toalla de papel. Nota cómo cambian las semillas. Escribe estos cambios que ves en tu tabla.

  3. ¿Por qué tienes que mantener húmedas las toallas de papel?

Conclusión

1. ¿Germinaron las tres semillas de rábano al mismo tiempo? ¿Las de zacate o hierba? ¿Las de maíz?

2. ¿Germinaron las tres clases de semillas al mismo tiempo?

Fecha	Semillas de rábano	Semillas de zacate	Semillas de maíz

CONCEPTOS PARA RECORDAR

▶ Las plantas de semillas son plantas verdes.

▶ La mayoría de las plantas de semilla tienen las mismas partes: raíces, tallos, hojas, flores y semillas.

▶ Las raíces mantienen la planta en su lugar. También toman el agua para la planta.

▶ Los tallos sostienen las partes de la planta que crecen arriba de la tierra. El agua y otros materiales pasan por los tallos a otras partes de la planta.

▶ Las plantas de semilla fabrican su propio alimento. El alimento se hace generalmente en las hojas.

▶ Las plantas de semilla producen semillas de las cuales crecen plantas nuevas.

Repaso del capítulo

TÉRMINOS CIENTÍFICOS

A. Usa los términos más abajo para completar las oraciones.

dióxido de carbono   arbustos   árbol   herbáceas
oxígeno   enredaderas

Hay cuatro clases principales de plantas de semillas. El __1__ tiene un tallo leñoso principal que se llama tronco. Los rosales tienen muchos tallos leñosos y se llaman __2__ . Las plantas con tallos suaves que no pueden sostenerse por sí mismas se llaman __3__ . Las plantas tales como las hierbas tienen tallos suaves también. La planta se llama __4__ .

Todas estas plantas fabrican su propio alimento en sus hojas verdes. El alimento se hace del agua y de un gas que se llama __5__ . A medida que las hojas fabrican alimento, despiden un gas que se llama __6__ . La mayoría de los seres vivientes necesitan este gas para mantenerse vivos.

B. Escribe el significado de estos términos. Usa cada término en una oración.

1. cáscara de la semilla   2. raíz principal   3. germina
4. raíces fibrosas   5. raíz zanco

COMPRENSIÓN DE LAS IDEAS

A. Haz una tabla como la que ves aquí. Escribe los nombres de cada planta según su clase.

calabaza arbusto de lila arce pepino hiedra trepadora
pino azucenas zacate o hierba rosales roble

Árboles	Arbustos	Hierbas	Enredaderas

B. Usa los términos abajo para nombrar las partes de la planta señaladas. Describe la función de cada parte de la planta.

raíz   tallo   hoja
flor   semilla

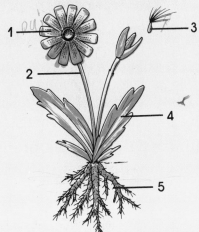

LAS IDEAS EN LA PRÁCTICA

1. Quítale una hoja a una planta que crezca afuera. Pégala a una hoja de papel. Junto a la hoja haz un dibujo de la planta. Busca y aprende el nombre de la planta. Lee acerca de las raíces, de las hojas y de otras partes de la planta. Luego, escribe un cuento que la planta pueda contrar para describirse a sí misma.

Capítulo 4

Las plantas son importantes

Piensa qué sería del mundo si no hubiera plantas. ¿Tendrías alimento? ¿Tendrías prendas de vestir? ¿Tendrías dónde vivir?

Mira la fotografía. ¿Ves algunas plantas? Mira otra vez. Hay muchas cosas en esta fotografía que vienen de las plantas o de partes de las plantas. Nombra las que tú encuentres.

De todas los seres vivientes, las plantas son los más importantes. En este capítulo vas a aprender por qué las plantas son tan importantes. También, vas a saber cómo se usan las plantas o partes de las plantas.

60

ALIMENTO QUE VIENE DE LAS PLANTAS

¿Cómo se usan las plantas para alimento?

Has aprendido que las plantas verdes fabrican su propio alimento. Que el dióxido de carbono y el agua se convierten en azúcar en las hojas. Por lo regular, se fabrica más azúcar de la que la planta necesita. La que sobra se convierte en almidón y otros productos de la planta. El almidón es el alimento que se almacena en la semilla. También puede almacenarse en las raíces, en los tallos y en las hojas.

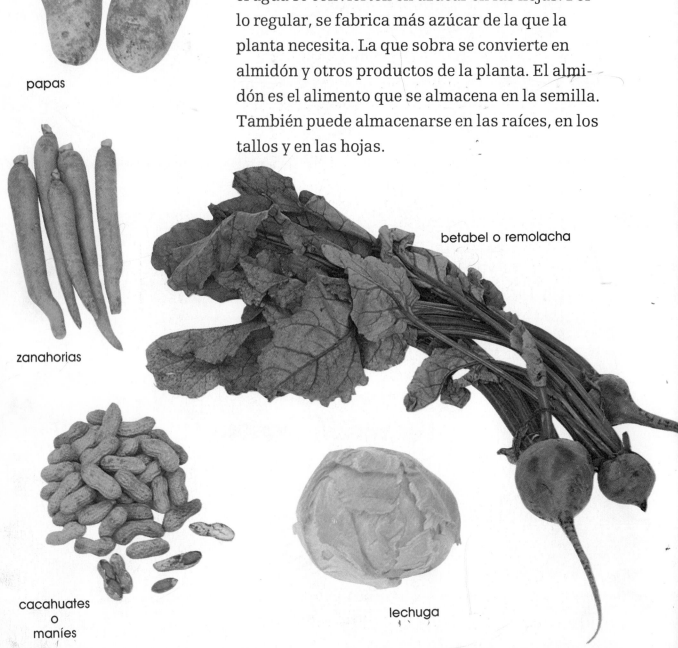

papas

zanahorias

betabel o remolacha

cacahuates o maníes

lechuga

Muchos seres vivientes usan las plantas como alimento. Muchos de los alimentos que comes son partes de plantas verdes. El repollo o col, la lechuga y las espinacas son hojas de plantas verdes. Las papas, los ruibarbos y el espárrago son tallos. Los rábanos, el betabel o remolacha y las zanahorias son raíces. Los duraznos, los tomates y los pepinos son frutas. El maíz, el frijol seco y los cacahuates son semillas. ¿Cuántos de estos alimentos has comido tú? ¿Cuáles otras hojas, tallos, raíces, frutas y semillas son alimentos?

maíz

espinaca

tomates

pepinos

espárragos

repollo o col

rábanos

Demuestra que hay almidón en una hoja verde

Materiales almidón de maíz / una planta de maceta / alcohol / solución de yodo / frasco graduado pequeño / un platillo petri / lápiz / dos toallas de papel

Procedimiento

A. El yodo se usa para comprobar si hay almidón. Pon el almidón de maíz en la toalla de papel. Luego pon una gota de la solución de yodo en el almidón de maíz.

1. ¿De qué color es el almidón de maíz?
2. ¿De qué color es el almidón de maíz después de haberle puesto una gota de yodo?

B. Quítale una hoja a una planta. Ponla en la toalla de papel en tu escritorio. Ahora, rueda un lápiz sobre la hoja varias veces. Aprieta fuerte el lápiz al hacerlo.

C. Pon la hoja en el frasco. Ahora vacía alcohol en el frasco graduado hasta cubrir la hoja. Deja que la hoja se empape de alcohol toda la noche.

D. Saca la hoja del alcohol y ponla en el platillo petri.

3. ¿De qué color ha quedado el alcohol?
4. ¿De qué color ha quedado la hoja?
5. ¿Qué pasaría si cubrieras la hoja con solución de yodo?

E. Cubre la hoja de yodo.

6. Describe qué le sucede a la hoja.

Conclusión

¿Hay almidón en una hoja verde? ¿De dónde vino?

La ciencia en la práctica

¿Hay almidón en el pan o en una papa? ¿Cómo puedes descubrirlo?

Algunas veces no podrás reconocer un alimento como parte de una planta. Los alimentos para el desayuno, como la avena y el cereal de maíz, vienen de la semilla. La harina también viene de las semillas. Estos alimentos se hacen de las semillas llamadas granos. Los **granos** son las semillas de ciertos zacates como la avena y el maíz. El trigo y el arroz son ejemplos de grano. Los humanos y los animales usan muchas clases de granos como alimento.

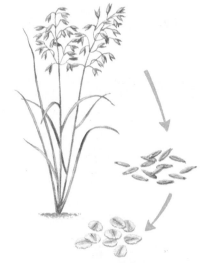

Un grano que se usa como alimento

Un sembrado de trigo

Un sembrado de arroz

65

Bayas de café

Hojas de té

Semillas y vainas de cacao

¿Bebes cacao o chocolate caliente? El cacao y el chocolate vienen de las semillas del árbol de cacao. El café también viene de las semillas de cierta clase de árbol. Las hojas de otras clases de árboles se usan para hacer té.

Las semillas, así como las frutas de algunas plantas, contienen aceite. Algunos de estos aceites se usan para cocinar. El aceite de maíz es tal aceite. ¿Cuáles otras clases de aceites para cocinar puedes nombrar?

¿Usas mostaza? La mostaza es una especia que se usa para dar sabor a las comidas. El clavo, la nuez moscada, la pimienta y la canela también son especias. Éstas y otras especias vienen de las plantas.

A menudo, una sola clase de planta se usa como alimento de distintas maneras. Mira el dibujo de la planta de maíz. ¿De qué maneras se usa esta planta como alimento?

Champiñón

La mayoría de las personas comen algunas plantas que no son partes de plantas verdes. ¿Comes carne y huevos? ¿Bebes leche? Estos alimentos vienen de los animales que comen plantas verdes. Sin las plantas verdes, no habría carne ni leche ni huevos.

Algunas plantas que se usan para alimento no son plantas verdes. Mira las fotografías. ¿Has comido plantas como éstas alguna vez? Estas plantas son champiñones. Muchos champiñones que come la gente crecen en granjas de champiñones.

Granja de champiñones

¿Cómo puedes comprobar si una semilla o una fruta contiene aceite?

Materiales bolsa de papel / tijeras / crayola / 2 palillos / agua / aceite de cocinar / nuez o cacahuate / aceituna / semillas de girasol / cáscara de naranja o de limón / manzana

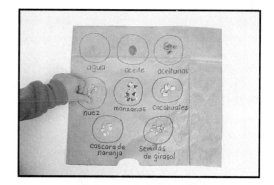

Procedimiento

A. Corta un pedazo grande de la bolsa de papel. Usando una crayola dibuja círculos en el pedazo de papel. Necesitarás por lo menos 7 círculos.

B. Usa un palillo para poner una gota de agua en un círculo. Usa otro palillo para poner una gota de aceite de cocinar en otro círculo. Ponle los nombres: "agua" y "aceite" a estos dos círculos.

C. En cada uno de los otros círculos pon un pedazo de una fruta o un pedazo de semilla aplastada. Escribe el nombre de la fruta o de la semilla abajo del círculo.

   1. ¿Cuáles de estas frutas y semillas crees que contienen aceite?

D. Aplasta fuertemente con el pulgar en cada uno de estos pedazos de fruta o de semilla. Aplasta uno primero y luego el otro. Ten cuidado de lavarte y secarte los dedos antes de hacer cada comprobación.

E. Quita las semillas y las frutas del papel. Espera a que se seque el papel. Ahora, álzalo a la luz.

Conclusión
¿Cuáles frutas y semillas contienen aceite? ¿Cómo lo sabes?

La ciencia en la práctica
¿Contienen aceite otras partes de las plantas? ¿Cómo puedes descubrirlo?

- OTROS USOS DE LAS PLANTAS -
Aparte de los alimentos, ¿cómo pueden usarse las plantas?

Ramo de flores

Quizá pienses que las plantas son importantes sólo como alimento. Pero también son muy importantes de otros modos.

Las plantas se usan a menudo para adorno. Mucha gente siembra plantas domésticas porque son muy bonitas y huelen muy bien. Las flores pueden hacer que un cuarto parezca radiante y alegre.

Las plantas también se usan para adornar el exterior de la casa. ¿Qué clase de plantas se usan para adornar en esta foto?

Plantas para adornar afuera

A veces las plantas que se siembran para adornar también se usan de otras maneras, como para hacer sombra. En algunos sitios, se siembran árboles en hileras para romper el viento. Otros árboles y arbustos se usan como cercos vivientes. El zacate y otras plantas que crecen en las faldas de las lomas sostienen la tierra en su lugar.

Los cortes de zacate, las hojas y otras partes de la planta pueden convertirse en abono. El **abono natural** es materia vegetal podrida. Cuando el abono se mezcla con la tierra, los minerales vuelven a la tierra. También, el abono mantiene la humedad en la tierra.

Árboles que se usan para romper o cortar el viento.

abono

Plantas que se usan para sostener la tierra.

71

Moho de penicilina

Muchas medicinas vienen de las plantas. ¿Has tenido que tomar penicilina alguna vez? La penicilina es una medicina que viene de una clase de moho. El aceite de ricino y el de menta vienen de otras clases de plantas. Muchas medicinas que se usan para mitigar el dolor vienen de las plantas.

Algunas plantas producen materiales que se convierten en telas para hacer prendas de vestir. Probablemente tú lleves puesta alguna prenda de vestir hecha de algodón. Las fibras

¿Sabías esto?

La mayoría de las plantas que se usan para medicina son silvestres. Estas plantas crecen en todas partes del mundo, especialmente en las zonas tropicales. Sin embargo, la sábila puede crecer en la casa. La sábila tiene jugo en sus hojas carnosas. Cuando las hojas de la sábila se aprietan contra la piel, el jugo se le escurre. Este jugo es una especie de medicina que mitiga el dolor de una cortada o de una quemada.

Sábila

Algodón

Fábrica de prendas de vestir

del algodón que entretejidas forman la tela vienen de la semilla de la planta del algodón. Las sogas y las bolsas también son hechas de fibras de planta. Otros materiales de plantas sirven para hacer cosas de tela de seda artificial y también para hacer escobas.

Soga, escobilla y bolsa de lona

Productos de papel

Carbón

Sangrando un árbol de hule

Corteza de un árbol de corcho o alcornoque.
Tronco despojado de corcho.

Cualquier cosa hecha de madera viene de los árboles. Muchas clases de árboles se usan para hacer madera. El papel y el carbón también vienen de la madera. El hule, el chicle y el corcho vienen de árboles. Muchos árboles producen aceites que se convierten en ceras y pinturas. Muchos colorantes que se usan para la tela y para hacer tinta son productos de los árboles.

El uso de las plantas es casi infinito. ¿Puedes pensar en otros usos de las plantas?

- PLANTAS QUE CAUSAN DAÑO -
¿Cómo causan daño algunas plantas?

Aunque muchas plantas son útiles, algunas causan daño. La mayoría de los mohos arruinan el alimento. Probablemente hayas visto moho creciendo en la fruta u otros alimentos.

Otra planta dañina es el mildiú. El mildiú es una planta no verde que crece en sitios húmedos y de sombra. Con frecuencia encontramos esta planta en el cuero curtido, en superficies pintadas, en tubería de agua y en las paredes de un sótano. Quizá la hayas visto crecer en el baño alrededor de la tina o de la regadera. Como algunos mohos, el mildiú arruina las cosas en que crece.

moho creciendo en naranjas

Mildiú creciendo en cuero curtido

Algunas plantas verdes también causan daño. Estas plantas las encontramos creciendo en los montes y en los campos. También las podemos encontrar en tu casa, en tu solar o en un parque. Con frequencia estas plantas causan enfermedades o la muerte si se comen. Algunas veces sólo una parte de la planta hace daño. A veces la planta entera puede hacer daño. Sólo tocar algunas de estas plantas puede causar ampollas o comezón en la piel.

ALGUNAS PLANTAS DAÑINAS QUE DEBEMOS CONOCER

Planta	Parte dañina	Cómo es dañina
mala hiedra	todas	al tocarla
nochebuena	hojas, tallo y savia lechosa	al comerla
tejo	todas	al comerla
agrifolio	bayas	al comerla
botón de oro	todas	al comerla
algunos hongos	todas	al comerla

¿Que apariencia tiene el moho del pan? Salpica algunas gotas de agua en un pedacito de pan. Ahora, talla el pan en un piso polvoriento. Pon el pan con el lado polvoriento hacia arriba en una lonchera de plástico o cualquier envase de plástico. Cubre la lonchera o el envase bien apretado y ponlo en un sitio oscuro y caliente. El moho debe crecer en el pan en algunos días. Mira el moho con una lupa. ¿Qué apariencia tiene el moho del pan? ¿De qué color es? ¿Qué usa el moho para alimentarse?

CONCEPTOS PARA RECORDAR

▶ Muchos seres vivientes usan las plantas verdes como alimento.

▶ Las raíces, los tallos, las hojas, las frutas o las semillas de algunas plantas se usan como alimento.

▶ El champiñón es una planta no verde que se usa como alimento.

▶ Las plantas son útiles en muchas otras formas aparte de ser alimento.

▶ Entre las muchas cosas que se hacen de las plantas están la madera, la cera, las prendas de vestir y el papel.

▶ Algunas plantas no son buenas para comer ni para tocar.

Repaso del capítulo

TÉRMINOS CIENTÍFICOS

A. Desenmaraña cada grupo de letras para encontrar el término científico que estudiamos en este capítulo. Luego, copia las oraciones abajo. Usa uno de estos términos para completar cada oración.

1. gasnor   2. midalón   3. larutan baono
4. La materia vegetal podrida se llama ___.
5. Las semillas de ciertos zacates, como la avena y el maíz, se llaman ___.
6. El alimento almacenado en las semillas se llama ___.

B. Escribe la letra del término que mejor concuerde con la definición. No usarás todos los términos.

1. Devuelve los minerales a la tierra.
2. Plantas que se usan como alimento que no son verdes.
3. Una especia.
4. Una planta dañina que con frecuencia se encuentra en los sótanos y los baños.
5. Semillas que se usan para alimentos al desayuno.
6. Una medicina que viene de una planta.
7. Un alimento que viene de los animales.
8. Fibras de plantas de las que pueden hacerse telas.

a. almidón
b. mostaza
c. leche
d. mildiú
e. hongos
f. abono natural
g. grano
h. algodón
i. penicilina

COMPRENSIÓN DE LAS IDEAS

A. Describe tres usos de las plantas aparte del uso como alimento.

B. Todos los alimentos nombrados abajo son partes de plantas verdes. Haz una tabla como la ves aquí. Escribe el nombre de cada alimento bajo la parte de la planta indicada.

tomate   pepino   rábano   zanahoria
lechuga   ruibarbo   cacao   maíz
café   frijol seco   repollo o col   durazno
espinacas   espárrago   cacahuate   betabel

Hoja	Tallo	Fruta	Semilla	Raíz

C. Describe tres formas en que las plantas puedan ser dañinas.

LAS IDEAS EN LA PRÁCTICA

1. Dibuja un retrato como el que ves aquí. Usa crayolas para dibujar las plantas en tu dibujo. Muestra cómo usarías las plantas para adornar, para hacer un cortavientos, para detener la tierra en su lugar, y para dar sombra. También, dibuja un huerto.

Las profesiones en las ciencias

El interés en las plantas y en los animales puede llevarte a muchas clases de trabajos. Los *jardineros* siembran árboles, arbustos y flores. Ellos deben saber qué tipo de plantas crecen mejor en distintos lugares.

Los *guardabosques* y los *guardanimales* protegen los animales silvestres de las personas que pueden causarles daño.

Silvicultores

Los *silvicultores* cuidan los árboles en los bosques. Seleccionan los árboles que se cortarán para hacer madera y papel. También apagan incendios y plantan árboles nuevos.

Los *botánicos* son científicos que estudian la vida de las plantas. Procuran aprender cosas nuevas acerca de las plantas.

Guardabosques

Botánico

La gente en las ciencias

Jane van Lawick-Goodall
(1934-   ) Jane van Lawick-Goodall es una zoóloga. Estudia el comportamiento de animales tales como los mandriles y los chimpancés. Estudia los animales de cerca para averiguar cómo viven en su estado natural. Observa lo que hacen los animales y cómo se comportan unos con otros.

mandriles silvestres.

Desarrollo de destrezas

DESTREZA DE PALABRAS

Los términos científicos importantes que se usan en este libro están en el Glosario. El Glosario se encuentra atrás en el libro. El Glosario da los significados de los términos. Usa el Glosario para contestar estas preguntas.

1. ¿En qué orden están los términos en el Glosario?
2. ¿Qué otra información está en el Glosario?

También hay un Índice Alfabético de Materias atrás en este libro. Es una lista de tópicos importantes. Los subtópicos aparecen debajo del tópico principal.

Usa el Índice para contestar estas preguntas.

1. ¿En que orden aparecen las materias?
2. ¿En qué páginas puedes encontrar información sobre los tallos?

LECTURA DE UNA PICTOGRAFÍA

Una pictografía es un modo fácil de mostrar información. En una pictografía las imágenes se usan como símbolos. La pictografía en la página que sigue muestra cuántas manzanas recogió un campesino en 5 días. Cada manzana es un símbolo que representa 10 manzanas.

Usa la gráfica para contestar estas preguntas.

1. ¿Cuántas manzanas se recogieron el martes?
2. ¿Qué día se recogieron más manzanas?
3. ¿Qué día se recogieron menos manzanas?
4. ¿Cuántas manzanas más se recogieron el lunes que el viernes.
5. ¿Cuántas manzanas se recogieron durante los 5 días?

NÚMERO DE MANZANAS RECOGIDAS

lunes	🍎🍎🍎🍎🍎🍎🍎🍎🍎
martes	🍎🍎🍎🍎🍎🍎
miércoles	🍎🍎🍎🍎
jueves	🍎🍎🍎🍎🍎🍎🍎
viernes	🍎🍎🍎

🍎 ≅ 10 manzanas

HAGAMOS UNA PICTOGRAFÍA

En una granja avícola se recogen huevos todos los días. Haz una pictografía que muestre el número de huevos que se recogieron durante 5 días. Usa el dibujo de un huevo como símbolo. Cada símbolo representa 5 huevos. Usa la información de abajo para tu pictografía.

Día	Número de huevos
lunes	25
martes	15
miércoles	30
jueves	10
viernes	20

UNIDAD DOS

Observando la materia y la energía

Cada uno de los eventos en las fotografías parece ser distinto de los demás. Podrían pensar que un auto de carreras no tiene nada que ver con una persona que está barriendo hojas. Lo mismo podría decirse acerca de la nave espacial que está despegando y de la banda de música que está marchando. Pero estos eventos son iguales en muchas formas. ¿En qué forma crees tú que se parecen?

En esta unidad vas a aprender que estos eventos tienen algo en común. Vas a aprender que son iguales por la interacción de ciertas cosas. También vas a aprender qué es lo que causa esta interacción.

Capítulo 5

Todo acerca de la materia

Armar un carrito puede ser divertido. Estos niños están buscando las piezas que van juntas. Después de que todas las piezas estén puestas en su lugar, formarán un carro.

¿Sabías que todo lo que te rodea está hecho de pequeñas piezas? Pero las piezas son tan pequeñas que no puedes verlas. Como las piezas del carro, éstas se juntan de una manera especial.

En este capítulo vas a aprender acerca de las piezas que forman las cosas a tu alrededor.

- PROPIEDADES DE LA MATERIA -
¿Qué es la materia?

Mira los objetos que están en la mesa. Probablemente tú usas objetos como éstos todos los días. Parecen muy distintos unos de otros. Pero todos se parecen en una forma. Todos están hechos de **materia**.

Muchas clases de materia

Cada objeto en la mesa es de diferente color y tamaño. Y cada uno tiene una forma distinta. El color, la medida y la forma son propiedades. Estas propiedades te ayudan a distinguir estas cosas.

Los objetos en la mesa tienen otras propiedades también. Todos ellos ocupan espacio. ¿Qué objeto ocupa más espacio? ¿Cuál ocupa menos espacio?

Los objetos en la mesa son distintos en otra forma. Algunos son más pesados que otros. Tienen más masa. La **masa** es la medida de la cantidad de materia que hay en un objeto.

Toda la materia ocupa espacio y tiene masa. Si miras a tu alrededor, verás muchas clases de materia. Tú, tu persona, ocupas espacio y tienes masa. Tú también estás hecho de materia.

Algunas veces puedes ver cuánto espacio ocupa la materia. Pero no puedes ver cuánta masa tiene. Estos niños están buscando la masa de un libro. Para hacer esto, están usando una balanza. Una **balanza** es un instrumento que se usa para medir la masa.

La balanza mide la masa

¿Cuáles son algunas propiedades de la materia?

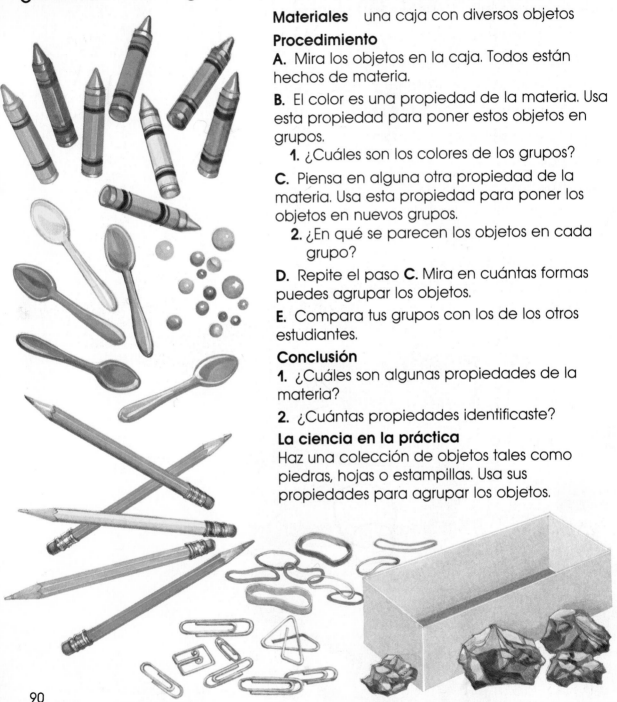

Materiales una caja con diversos objetos

Procedimiento

A. Mira los objetos en la caja. Todos están hechos de materia.

B. El color es una propiedad de la materia. Usa esta propiedad para poner estos objetos en grupos.

    1. ¿Cuáles son los colores de los grupos?

C. Piensa en alguna otra propiedad de la materia. Usa esta propiedad para poner los objetos en nuevos grupos.

    2. ¿En qué se parecen los objetos en cada grupo?

D. Repite el paso **C.** Mira en cuántas formas puedes agrupar los objetos.

E. Compara tus grupos con los de los otros estudiantes.

Conclusión

1. ¿Cuáles son algunas propiedades de la materia?

2. ¿Cuántas propiedades identificaste?

La ciencia en la práctica

Haz una colección de objetos tales como piedras, hojas o estampillas. Usa sus propiedades para agrupar los objetos.

90

ESTADOS DE LA MATERIA
¿Cuáles son los estados de la materia?

¿Has inflado alguna vez un globo? Si lo has hecho, sabrás que llenaste el globo de aire. El aire ocupa espacio y tiene masa. El aire dentro del globo está hecho de materia.

La materia puede encontrarse en distintas formas. La materia puede ser un sólido o un líquido. O, como el aire dentro de un globo, la materia puede ser un gas. Los estados de la materia son sólido, líquido y gaseoso.

Puedes ver los tres estados de la materia en la fotografía de esta pecera. La pecera de vidrio es la materia sólida. El agua dentro de la pecera es la materia líquida. Y las burbujas de aire son la materia gaseosa.

Inflando un globo

Un sólido, un líquido y un gas

Ahora mira a tu alrededor. Nombra las cosas que ves que sean sólidas, líquidas o gaseosas. Posiblemente veas muchas sólidas y líquidas. Pero la mayor parte del tiempo no puedes ver los gases.

Cada estado de la materia tiene diferentes propiedades. Los sólidos tienen su propia forma. La forma de la mayoría de los sólidos no cambia. Los sólidos tienen muchas formas diferentes. Mira las piedras que este niño ha coleccionado. Las piedras son sólidas. Mira las diferentes formas de las piedras.

Observando la colección de piedras.

Los líquidos no son como los sólidos. El líquido nunca tiene una forma propia. Siempre tiene la misma forma que su envase. Esto quiere decir que el mismo líquido en diferentes envases tendrá diferentes formas. En esta fotografía puedes ver la leche en el vaso y en el popote. La leche cambia su forma conforme se mueve del vaso hacia dentro del popote. Cuando se acabe toda la leche, ¿que piensas que llenará el vaso y el popote? Los dos tendrán otra clase de materia, un gas.

El líquido cambia de forma

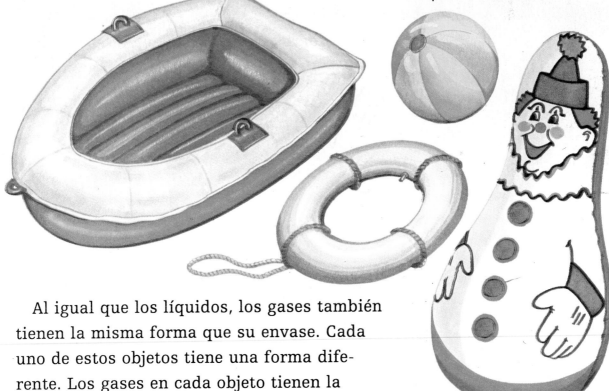

Al igual que los líquidos, los gases también tienen la misma forma que su envase. Cada uno de estos objetos tiene una forma diferente. Los gases en cada objeto tienen la misma forma que el objeto que llenan.

Objetos llenos de gases

93

LAS PARTÍCULAS EN LA MATERIA

¿De qué está hecha la materia?

¿Por qué son diferentes los sólidos, los líquidos y los gases? Para contestar esto, debes de aprender más acerca de la materia. Toda la materia está hecha de partículas pequeñas llamadas átomos. Hay muchas clases de átomos. Son tan pequeños que no puedes verlos. Los átomos se juntan en diferentes maneras para formar partículas de materia más grandes. Muchas de estas partículas se juntan para formar la materia a tu alrededor.

En los dibujos puedes ver lo juntas o separadas que están las partículas en diferentes estados de la materia. En el sólido están más juntas. En el líquido están un poco separadas. Y en el gas están aún más separadas.

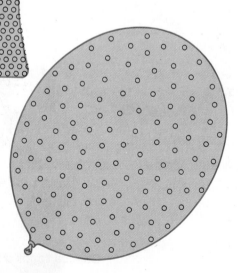

94

Las partículas en la materia siempre se están moviendo. Pero no puedes verlas ni sentir que se muevan. Mira los dibujos. Las flechas muestran cuánto se mueven las partículas en la materia. En los sólidos, las partículas más cercanas se mueven hacia atrás y hacia adelante o vibran. Pero nunca cambian de lugar. Esto explica por qué la mayoría de los sólidos no cambian su forma. Las partículas en el líquido se mueven más que en los sólidos. Ruedan unas sobre las otras. Es por esto que los líquidos no tienen su propia forma. Las partículas en los gases se mueven más. Chocan unas con otras. Se extienden para llenar cualquier envase. Los estados de la materia son diferentes porque las partículas en ellos se comportan diferente.

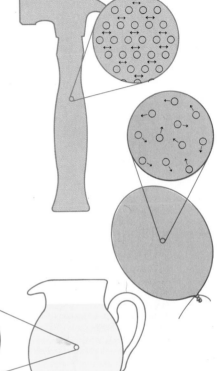

A descubrir

¿Cómo puedes probar que las partículas en un líquido siempre se están moviendo? Llena un frasco con agua. Pon el frasco en un lugar donde no se vaya a mover. Cuidadosamente, pon 2 gotas de colorante de comida en el agua. Mira lo que le pasa al agua. Mira el agua otra vez después de algunos minutos. Deja el frasco toda la noche. Mira el agua al día siguiente. Trata de explicar por qué el color se extendió por toda el agua.

95

– LA MATERIA PUEDE CAMBIAR –
¿Cómo cambia la materia?

La materia puede cambiar de un estado a otro. Esta clase de cambio se llama **cambio físico.** Los cambios en el tamaño y en la forma también son cambios físicos. En un cambio físico, tienes la misma clase de materia antes y después del cambio.

El agua es materia. Cuando el agua se vacía en algo, es un líquido. Si pones el agua en un congelador, se vuelve hielo. Si calientas el agua lo suficiente, se formará un gas. El agua en forma de gas se llama **vapor de agua.**

Cambio de tamaño y forma

Agua líquida y hielo

Estos cambios en el agua te muestran que la materia puede cambiar de líquido a sólido. También te enseñan que un líquido puede cambiar a gas. El agua puede cambiar de un estado a otro. Pero siempre será agua. Nunca cambiará a ninguna otra cosa.

El hielo se comienza a formar cuando el agua se enfría a cero grados Centígrados o Celsius. El símbolo para los grados Centígrados es °C. Esta temperatura es el **punto de congelación** del agua. A 0°C, las partículas en movimiento en el agua se van deteniendo hasta formar el hielo. El agua en este charco está congelada. ¿En qué forma cambiará el hielo en un día caluroso?

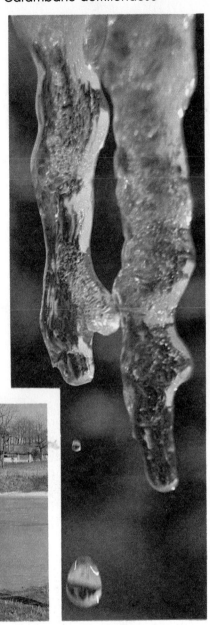

Carámbano derritiéndose

Un charco congelado

El agua comienza a hervir a los 100°C. Éste es el **punto de ebullición**. A medida que el agua hierve, sus partículas se mueven más rápido y se separan más. Entonces, las partículas escapan y forman vapor de agua.

El agua se está evaporando

En la foto, sale vapor de agua del agua hirviendo. Pero el agua no tiene que hervir para convertirse en un gas. Las partículas de agua en movimiento siempre escapan de la superficie para formar vapor de agua. Este cambio de líquido a gaseoso se llama **evaporación,** y puede ocurrir a cualquier temperatura.

El vapor de agua puede convertirse de nuevo en líquido. Esta clase de cambio se llama **condensación.** La condensación ocurre cuando se enfría el vapor de agua. Si respiras sobre una ventana fría, el vapor de agua de tu respiración se convierte en agua líquida.

El agua se está condensando

¿Sabías esto?

Se usa un termómetro para medir la temperatura . El líquido de adentro del termómetro sube cuando hace calor. Cuando hace frío, el líquido baja. ¿Por qué sube y baja este líquido conforme cambia la temperatura? El líquido caliente ocupa más espacio que el líquido frío. A medida que el líquido se calienta, sus partículas se mueven, separándose más y ocupando más espacio.

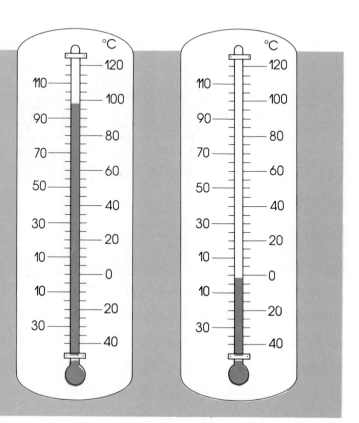

DIFERENTES CLASES DE MATERIA

¿Cómo una clase se materia se puede convertir en otra diferente?

Has aprendido que la materia, tal como el agua, puede cambiar de un estado a otro. Esto es un cambio físico. La materia puede cambiar en otra forma.

Leños

Leña quemándose

Cenizas

Alguna materia puede convertirse en una materia diferente. Esta clase de cambio se llama **cambio químico.** Al quemarse, la madera se convierte en cenizas. En la fotografía puedes ver que la madera y las cenizas no se ven iguales. Las cenizas son materia diferente. ¿Hay alguna forma de volver a convertir las cenizas en madera?

¿Cómo puedes formar una materia nueva?

bicarbonato de sodio

Materiales una botella / bicarbonato de sodio / 2 embudos / una cuchara / un globo / vinagre

Procedimiento

A. Pon una cucharada llena de bicarbonato de sodio en una botella. Usa un embudo.

B. Usa el otro embudo para poner el vinagre dentro del globo.

C. Pon la boca del globo sobre el cuello de la botella.

D. Alza la otra parte del globo para que el vinagre caiga dentro de la botella.
　　1. ¿Qué ves que está pasando?

E. Cuando el vinagre y el bicarbonato de sodio se unen, se forma un cambio químico. Se forma una materia nueva. La materia nueva es un gas que se llama dióxido de carbono.
　　2. ¿Cómo se diferencia la materia nueva del bicarbonato de sodio?
　　3. ¿Cómo se diferencia la materia nueva dei vinagre?

Conclusión

1. ¿Qué causó que se formara la materia nueva?

2. ¿Cómo parece la materia nueva?

La ciencia en la práctica

El bicarbonato de sodio se usa a veces en los pasteles. ¿Qué pasaría si no le pusieran bicarbonato a los pasteles?

Algunas veces se forma una materia diferente cuando se revuelven dos o más clases de materia. Estos niños están haciendo pan. Para hacerlo están revolviendo muchas cosas especiales. El pan no se parecerá a las cosas de que está hecho. El pan será una materia diferente.

Mezcla de diferentes clases de materia

Materia nueva

CONCEPTOS PARA RECORDAR

▶ La materia es cualquier cosa que ocupe espacio y tenga masa.

▶ Los estados de la materia son sólido, líquido y gaseoso.

▶ Toda la materia está hecha de átomos.

▶ Algunas clases de materia pueden cambiar de un estado a otro.

▶ Algunas clases de materia pueden convertirse en diferentes clases de materia.

Repaso del capítulo

TÉRMINOS CIENTÍFICOS

A. Copia las oraciones de más abajo. Usa términos científicos de este capítulo para completar las oraciones.

1. Los tres estados de la materia son ____, ____ y ____.
2. La temperatura 0°C es el punto de ____del agua.
3. La materia nueva se forma en un cambio ____.
4. El agua en forma de gas se llama ____de agua.
5. La medida de cuánta materia hay en un objeto se llama ____.
6. La temperatura 100°C es el punto de ____del agua.
7. Derretirse es un ejemplo de un cambio ____.

B. Escribe la letra del término que se relacione mejor con la definición. No usarás todos los términos.

1. La partícula más pequeña de materia.
2. El cambio de un gas a un líquido.
3. Instrumento para medir la masa.
4. La materia que toma la forma de su recipiente.
5. El cambio de un líquido a un gas.
6. La materia que tiene su propia forma.

a. evaporación
b. sólido
c. masa
d. condensación
e. átomo
f. líquido
g. balanza

COMPRENSIÓN DE LAS IDEAS

A. Haz una tabla como ésta. Escribe los nombres de 10 objetos del capítulo bajo los títulos correctos.

Sólido	Líquido	Gaseoso

B. Copia la lista de abajo. Junto a cada acción indicada, escribe una *F* si describe un cambio físico. Escribe una *Q* si describe un cambio químico.

1. cortar leña
2. cortar cebollas
3. rebanar pan
4. quemar leña
5. romper vidrios
6. derretir mantequilla
7. cocer pan
8. cortar papel

C. Escribe una receta que emplee dos o más clases de materia para hacer diferentes materias. ¿Qué se necesita para hacer cambiar la materia?

LAS IDEAS EN LA PRÁCTICA

1. Averigua si todos los líquidos tienen el mismo punto de congelación. Pon en dos vasos de papel una *A* y una *B*. Llena los vasos a la mitad con agua. Pon una cucharada de sal en el vaso *A* y menéalo. Pon los dos vasos en el congelador. Revisa los vasos cada media hora. ¿Cuál vaso de agua se empieza a congelar primero?

Capítulo 6

La fuerza, el trabajo y la energía

Estas personas están construyendo un edificio nuevo. Para hacer este trabajo, tienen que mover tierra, cemento y fierro. Puedes ver que es necesario empujar, tirar y levantar. Algunos de los quehaceres los están haciendo los hombres y otros los están haciendo las máquinas. ¿Qué cosas se empujan o se tiran? ¿Qué cosas se levantan?

En este capítulo aprenderás más acerca de empujar, tirar o levantar. También aprenderás acerca de la energía que se necesita para hacer estas cosas.

LA FUERZA
¿Qué hace la fuerza?

Mira las fotografías. Algunas veces empujas para hacer que las cosas se muevan, y algunas veces jalas o tiras. Tú empujas o tiras también cuando levantas algo. Un empujón o un tirón es una fuerza. Siempre se necesita la fuerza para hacer que algo se mueva.

Empujar   Jalar o tirar

Se requiere más fuerza para mover algunas cosas que otras. Supongamos, por ejemplo, que levantaras un diccionario muy grande, luego un libro más pequeño. Usarías una cantidad de fuerza diferente para levantar cada uno. ¿Cuál se llevará más fuerza para levantar, el diccionario o el libro más pequeño?

Este niño está usando la fuerza de tirar. Él está usando la fuerza no para hacer que el perro se mueva, sino para detenerlo. La fuerza es necesaria para detener o parar por completo las cosas en movimiento.

En esta fotografía la esquiadora está
usando la fuerza de empujar en la garrocha
para poder voltear. La fuerza es necesaria
también para hacer que las cosas en movimiento cambien de dirección.

En todos estos ejemplos, la fuerza cambia
el movimiento de las cosas. Cuando algo que
está inmóvil comienza a moverse, su movimiento cambia. Pararse o detenerse es un
cambio de movimiento. Acelerar, reducir la
velocidad y voltearse, son cambios de movimiento. Las fuerzas de empujar o de tirar son
necesarias para realizar todos estos cambios.

CLASES DE FUERZAS

¿Cuáles son algunas fuerzas de empujar o tirar?

¿Por qué cae esta zambullidora hacia el agua? Tú no puedes ver nada que la esté empujando o tire de ella. ¿Qué está haciendo que se mueva? La fuerza que está haciendo que se mueva la saltadora es la gravedad. La **gravedad** es la fuerza de un objeto que tira de otro. La tierra tira de todas las cosas con esta fuerza. La lluvia, la nieve y las hojas siempre caen a la tierra. Una pelota que se lance al aire siempre cae a la tierra. La fuerza de la gravedad de la Tierra atrae todas estas cosas hacia la tierra.

¿Sabías esto?

Los lanzadores de béisbol usan varias fuerzas para cambiar el movimiento de la pelota. Una fuerza es el fuerte empujón del brazo del lanzador que tira la pelota. La gravedad atrae la pelota hacia abajo mientras vuela por el aire.

Un lanzador puede hacer que la pelota gire en modos diferentes. Mientras la pelota gira, las costuras empujan contra el aire. Esto cambia la dirección de la pelota.

Estás midiendo la fuerza de la gravedad

La gravedad de la Tierra tira de algunas cosas más que de otras. A los objetos con más masa los atrae más la gravedad de la Tierra. Por ejemplo, la gravedad atrae más una bola de boliche que una pelota de baloncesto. La bola de boliche tiene más masa o peso.

Cuando pesas algo, tú estás midiendo la fuerza de la gravedad terrestre. Supongamos que tú peses 31 kilogramos y un amigo tuyo pese 27 kilogramos. Tú tienes más peso que tu amigo. ¿De quién tira más la gravedad?

¿Cómo puedes medir la fuerza?

Materiales cinta adhesiva / liga / regla métrica / sujetapapeles / varios objetos pequeños

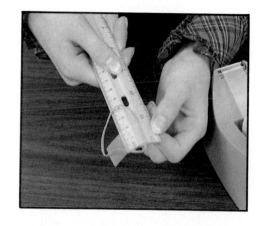

Procedimiento

A. Pega una punta de la liga a la regla métrica tal como se muestra. Un extremo de la liga debe de estar parejo con la orilla de la regla.

B. Abre el sujetapapeles para hacer un gancho. Cuelga el sujetapapeles del extremo libre de la liga.

    1. ¿A qué medida de la regla está el extremo libre de la liga?

C. Haz una tabla como la que ves aquí. Completa la gráfica al hacer los pasos **D** y **F.**

Objeto	Centímetros (alzándolo)	Centímetros (tirando de él)

D. Sujeta la regla así como demuestra la niña en la foto. Cuelga del gancho algún objeto pequeño.

    2. ¿Cuántos centímetros se estiró la liga?

E. Pon el objeto sobre tu escritorio. Tira de él, moviendo la regla.

    3. ¿Cuántos centímetros se estiró la liga?

F. Alza y tira de otros objetos pequeños.

    4. ¿Cuántos centímetros se estiró la liga cuando alzabas cada objeto?

    5. ¿Cuántos centímetros se estiró la liga cuando jalabas de cada objeto?

Conclusión

1. ¿Por qué unos objetos estiraron más la liga?

2. ¿Se necesita más fuerza para alzar un objeto o para tirar de él?

Esta foto muestra otra clase de fuerza en acción. El movimiento de los sujetapapeles cambió cuando fueron alzados. El magnetismo causó este cambio. El **magnetismo** es una fuerza que actúa en algunas clases de metales.

Imán levantando sujetapapeles

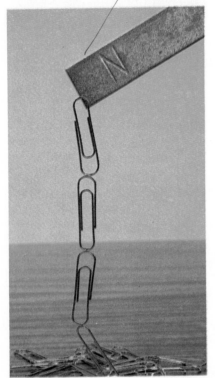

Diferentes formas y clases de imanes

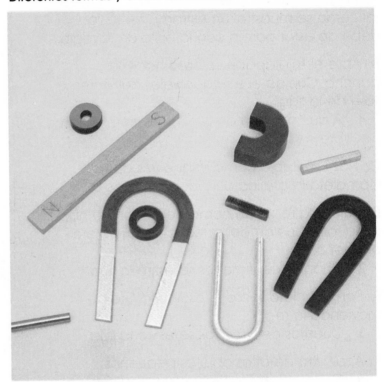

Si alguna vez has usado imanes, sabrás que el magnetismo no es como la gravedad. La gravedad es sólo una fuerza que atrae algo. Pero el magnetismo algunas veces atrae y algunas veces rechaza o repele.

Los imanes tienen dos extremos. Se llaman el polo norte y el polo sur. Hay una fuerza que atrae entre el polo norte y el polo sur. Dos polos norte o dos polos sur se rechazan o repelen entre sí.

¿Has jugado alguna vez el juego de tejo? Después de que empujas el disco, se desliza por el suelo. Conforme se mueve, se va deteniendo hasta que se para completamente. Detenerse y pararse completamente son cambios en el movimiento del disco.

La fuerza que causa este cambio en el movimiento es la fricción. La **fricción** es una fuerza que detiene o para completamente el movimiento. Se produce frotando una cosa contra otra. Si no hubiera fricción, el disco del juego de tejo seguiría moviéndose.

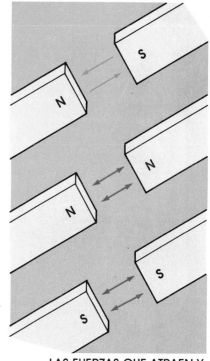

LAS FUERZAS QUE ATRAEN Y REPELEN ENTRE POLOS DE IMANES

¿Qué pasa cuando te frotas las manos? ¿Se sienten más calientes? La fricción produce calor. Los objetos que se frotan constantemente se calientan. ¿Qué pasaría si tus manos estuvieran resbalosas con jabón y agua? Entonces habría menos fricción. Tus manos no se sentirían tan calientes. Cualquier cosa que reduce la fricción se llama **lubricante.** El aceite es una clase de lubricante. La grasa es otra clase de lubricante. ¿Qué otros lubricantes puedes nombrar?

Aceitando una bisagra

A descubrir

¿Cómo se reduce o se aumenta la fricción? Haz una resbaladilla de un pedazo de cartón duro liso. Usa algunos libros para alzar más una orilla. Deja resbalar una piedra plana y lisa. Notas qué rápido se mueve.

Pon el cartón sobre el suelo y frótalo con una lija para hacerlo áspero. Pon la resbaladilla otra vez. Descubre si la piedra se resbala más rápido o más despacio en un cartón áspero.

Voltea el cartón al revés y ponlo sobre el suelo. Frota una barra de jabón por todo este lado de la resbaladilla. Pon la resbaladilla otra vez. Descubre si la piedra se resbala más rápido o más despacio que antes.

¿Cuándo tuvo la resbaladilla menos fricción? ¿Cuándo tuvo más fricción?

114

EL TRABAJO
¿Cuándo trabajas?

Mira el dibujo. ¿Dónde se está trabajando? Se **trabaja** cuando se usa una fuerza para mover algo. Por ejemplo, tú trabajas cuando empujas una silla de un lado a otro en un cuarto. Supongamos que alguien se sentara en la silla. Entonces tú tendrías que empujar más fuerte para moverla. Estarías usando más fuerza; por lo tanto, trabajando más.

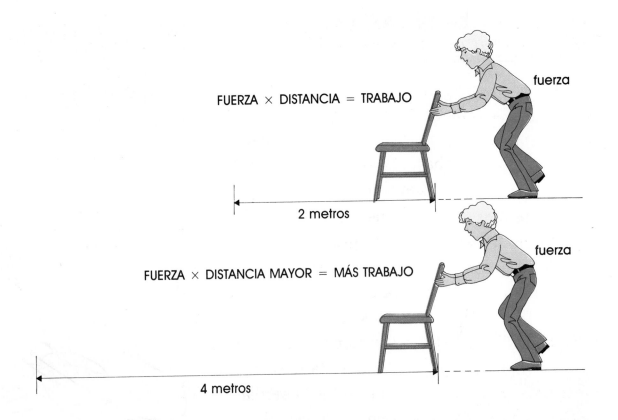

FUERZA × DISTANCIA = TRABAJO

fuerza

2 metros

FUERZA × DISTANCIA MAYOR = MÁS TRABAJO

fuerza

4 metros

También haces más trabajo si mueves algo a mayor distancia. Supongamos que mueves una silla 2 metros. La próxima vez, la mueves 4 metros. Cuatro metros es una distancia mayor que 2 metros. Cuando mueves la silla 4 metros, trabajas más.

La cantidad de trabajo que se hace siempre depende de dos cosas. Depende de cuánta fuerza se use para mover un objeto. Y depende de la distancia a la que se mueve el objeto. Mira la fotografía. ¿Está trabajando la persona que está empujando contra la pared? ¿Por qué sí o por qué no?

LA ENERGÍA
¿Cómo se usa la energía para trabajar?

¿Te sientes cansado después de hacer algún trabajo? Probablemente te sientes así porque has gastado energía. La **energía** es la capacidad de realizar trabajo. La energía se emplea cuando una fuerza mueve algo.

Hay muchas clases de energía. Una clase de energía es el calor. En la fotografía, la energía del calor hace subir el globo. Por lo tanto, la energía del calor se usa para trabajar.

La electricidad es otra clase de energía. Se usa para echar a andar el motor conectado a la puerta del garage. Este motor da la fuerza necesaria para mover la puerta hacia arriba. Podemos decir entonces que se trabaja al moverse la puerta.

Puerta eléctrica del garage

Globo de aire caliente

117

¿Cómo puede trabajar el agua?

Materiales 2 pedazos de cartón de 10 × 6 centímetros / tijeras / lápiz redondo / cinta adhesiva / pedazo de hilaza, de unos 45 centímetros de largo / goma de borrar / un traste / un frasco de agua

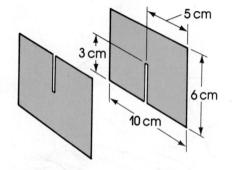

5 cm

3 cm

6 cm

10 cm

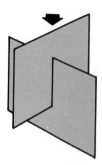

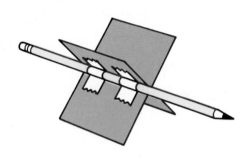

Procedimiento

A. Haz un corte en cada pedazo de cartón. Ensarta los dos cartones por los cortes. Pega el lápiz en un lado como se ve en el dibujo. Acabas de hacer una rueda hidráulica.

B. Amarra un extremo del pedazo de hilaza a la goma de borrar. Amarra el otro extremo de la hilaza a un extremo del lápiz.

C. Coloca el traste en la orilla del escritorio o la mesa. Acuesta el lápiz sobre el traste. La goma de borrar que amarraste al lápiz debe de colgar hacia abajo por la orilla del escritorio o la mesa.

   1. Describe qué pasará si se vierte agua sobre la rueda hidráulica.

D. Muy despacio, vacía el agua sobre la rueda hidráulica.

   2. Describe lo que ocurre.

   3. ¿Se hizo algún trabajo?

Conclusión

¿Cómo sabes que el agua trabajó?

Algunos otras clases de energía son la luz, el sonido y la energía de movimiento. La energía de movimiento es la energía que mueve cosas. Un elevador tiene energía de movimiento al moverse hacia arriba y hacia abajo. El agua también tiene energía de movimiento que puede usarse para hacer trabajo. Mira a tu alrededor. ¿En dónde ves otros ejemplos de energía de movimiento? Tu también tienes energía de movimiento. La tienes cuando corres, cuando escribes con un lápiz, o cuando te mueves de cualquier modo.

Un elevador exterior

CONCEPTOS PARA RECORDAR

- ▶ Una fuerza es empujar o jalar/tirar.
- ▶ Las fuerzas pueden cambiar el movimiento de las cosas.
- ▶ La gravedad, el magnetismo y la fricción son fuerzas.
- ▶ Se trabaja cuando una fuerza mueve algo.
- ▶ Se usa la energía para trabajar.
- ▶ La luz, el calor, la electricidad, el sonido y el movimiento son clases de energía.

Rueda hidráulica

Repaso del capítulo

TÉRMINOS CIENTÍFICOS

A. Copia las oraciones de más abajo. Usa los términos científicos de este capítulo para completar las oraciones.

1. La fuerza que atrae o jala las cosas hacia la Tierra es la ___.

2. A un material, como el aceite, que reduce la fricción se le llama ___.

3. Una fuerza que atrae o rechaza y que actúa sólo en ciertos metales es ___.

4. Cuando se usa una fuerza para mover algo, se ___.

5. La fuerza que detiene o para por completo el movimiento de los objetos que se frotan entre sí es ___.

B. Identifica cada uno de los siguientes.

1. Es lo que causa que la fuerza mueva algo. Es capacidad de hacer trabajo. ¿Qué es?

2. Es necesario para hacer que las cosas que se mueven cambien de dirección. Puede ser un empujón o un jalón. ¿Qué es?

COMPRENSIÓN DE LAS IDEAS

A. Nombra tres clases de energía. Da un ejemplo de cada una.

B. El dibujo te muestra varias cosas que están pasando. En cada dibujo, nombra la fuerza que está causando que pasen esas cosas.

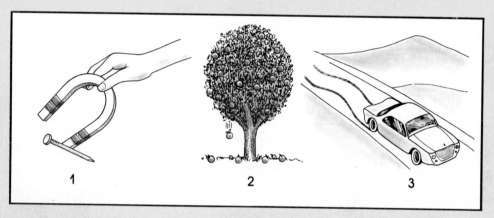

1   2   3

C. ¿Quién trabajó más? Explica tus respuestas.

   1. Isabel llevaba una bola de boliche. Juanita llevaba una pelota de tenis.

   2. Tomás mueve su escritorio 1 metro. Juan mueve su escritorio 3 metros.

LAS IDEAS EN LA PRÁCTICA

1. En un tablero, haz una exhibición de objetos atraídos o rechazados por diferentes fuerzas.

2. En la Luna, la fuerza del tirón de la gravedad es aproximadamente una sexta parte de lo que es en la Tierra. Divide tu peso por 6 para saber cuánto pesarías en la Luna.

Capítulo 7

Las máquinas

Esta niña está usando un martillo para clavar un clavo en un pedazo de madera. No podría hacer este trabajo usando sólo las manos. Por eso usa un martillo. Un martillo es una herramienta.

Las personas usan muchas otras herramientas que las ayudan a trabajar. Todas estas herramientas son máquinas de una u otra clase. Nombra algunas otras máquinas que veas en la fotografía. ¿Cómo puede usarse cada una para trabajar con más facilidad?

En este capítulo vas a aprender acerca de muchas diferentes clases de máquinas. También aprenderás cómo las máquinas ayudan a la gente a trabajar.

LA PALANCA: UNA MÁQUINA SIMPLE
¿Cómo ayuda a trabajar una palanca?

máquinas

La gente realiza muchas clases de trabajo todos los días. Algunas veces usa máquinas para trabajar. Una máquina es algo que ayuda a la gente a realizar un trabajo. No todas las máquinas son iguales. Algunas, como los carros, tienen muchas partes que se mueven. Otras máquinas tienen muy pocas o ninguna partes que se muevan. Éstas se llaman **máquinas simples.** Una pala para quitar la nieve es una máquina simple. ¿En qué se diferencia una pala de un quitanieves mecanizado como éste que ves abajo?

Una pala para quitar la nieve

Un quitanieves mecanizado

El uso de una palanca

Una **palanca** es una máquina simple. Las palancas se usan muy seguido para levantar o mover cosas. Estos niños usan una palanca para mover una piedra muy pesada. Para hacer este trabajo, hay que ejercer fuerza para empujar el palo hacia abajo. El objeto que van a mover, la piedra, se llama la **carga.** La fuerza y la carga se mueven en direcciones opuestas.

Conforme la palanca mueve la piedra, se mueve en un punto de apoyo. El punto de apoyo aquí es el tronco. Las palancas siempre usan una fuerza, una carga y un punto de apoyo cuando se trabaja con ellas.

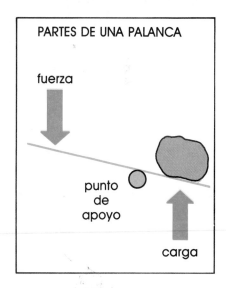

PARTES DE UNA PALANCA

fuerza

punto de apoyo

carga

125

Montando un sube-y-baja

Abriendo un frasco

Sacando un clavo

¿Te has subido alguna vez en un sube-y-baja? Si lo has hecho, entonces has usado una palanca para levantar a alguien. Y esa persona usó la misma palanca para levantarte a ti. Mira la primera fotografía del sube-y-baja. Busca la fuerza, la carga y el punto de apoyo. Ahora mira la segunda fotografía. ¿Cambiaron la fuerza y la carga? ¿Cómo puedes explicarlo?

No todas las palancas se parecen. Algunas son mucho más cortas que un sube-y-baja. Ésta es una palanca corta. Se usa para abrir un frasco. Sería muy difícil abrir este fraso sin usar una palanca como ésta.

Este martillo se usa como una palanca. Se usa para sacar un clavo de un pedazo de madera. ¿De dónde viene la fuerza? ¿Cuál es la carga? ¿Crees que sería fácil sacar un clavo sin usar una palanca?

¿Cómo trabaja una palanca?

Materiales 3 lápices / cinta adhesiva / una regla de madera / dos vasos de papel pequeños / piedra pequeña / sujetapapeles

Procedimiento

A. Pega tres lápices juntos con la cinta adhesiva

B. Pega un vaso de papel a cada extremo de la regla.

C. Balancea la regla en los lápices.

D. Pon la piedra pequeña dentro de uno de los vasos.

E. Pon unos sujetapapeles, uno por uno, dentro del otro vaso hasta que se alce la piedra.

 1. ¿Cuántos sujetapapeles necesitaste?

F. Vacía los dos vasos. Mueve uno de los vasos hacia el centro de la regla. Pégalo. Pon la piedra pequeña en este vaso. Repite el procedimiento **E.**

 2. ¿Cuántos sujetapapeles necesitaste para alzar la piedra?

Conclusión

1. ¿Qué parte de la palanca es el punto de apoyo? ¿Qué parte es la carga? ¿Qué parte es la fuerza?

2. Cuando la carga se mueve hacia el punto de apoyo, ¿se necesita más o menos fuerza para alzarla?

La ciencia en la práctica

¿En que se parece la palanca en esta actividad al sube-y-baja de la fotografía en la página 125?

EL USO DE
UN PLANO INCLINADO
¿Cómo se usa un plano inclinado?

Esta gente está usando una rampa. Una rampa les facilita poner las cosas en la camioneta. Un extremo de la rampa está más alto que el otro. Esto se llama un **plano inclinado.** Un plano inclinado es una máquina simple que ayuda a mover un objeto a un lugar más alto.

Cualquier superficie inclinada puede ser un plano inclinado. Una tabla inclinada y un sendero que va hacia arriba son planos inclinados. Algunos planos inclinados son muy

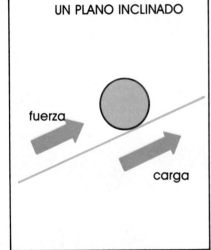

UN PLANO INCLINADO

fuerza

carga

Usando una rampa

Diferentes clases de rampas

empinados, otros no. Se requiere más fuerza para mover algo hacia arriba en un plano inclinado muy empinado. En todos los planos inclinados la fuerza y la carga se mueven en la misma dirección.

Los planos inclinados se usan en muchos lugares. Algunos son rampas para los carros y las camionetas. Otros son rampas que usa la gente para subir. Posiblemente algunos de tus juguetes tengan rampas. Acuérdate de otros lugares donde hayas visto planos inclinados.

Dos planos inclinados juntos componen una máquina simple que se llama **cuña.** Se juntan para formar una V. Una cuña se puede usar para cortar o rajar y separar cosas. Un hacha es una cuña. ¿Podrías partir un leño en dos partes con el morro de un hacha?

Un hacha y un tronco

129

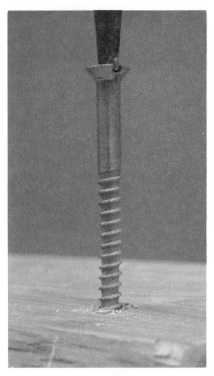

Enroscando un tornillo

Cortando queso

Muchas otras herramientas para cortar son cuñas. Los clavos y los alfileres también son cuñas. Pero son muy pequeñas. ¿Puedes nombrar otras cuñas?

Un **tornillo** es como un plano inclinado que está enroscado alrededor de un poste central. Al tornillo hay que darle vueltas para que entre en la madera. Muchos frascos tienen tapas que se atornillan.

A descubrir

¿Puedes demostrar que un tornillo es como un plano inclinado enroscado a un poste? Usa una hoja de papel que mida unos 12 × 24 centímetros. Traza una línea de la esquina izquierda de arriba hasta la esquina de la derecha de abajo. Usa una regla de medir y un crayola. La línea debe de ser gruesa y derecha. Ahora, corta el papel por la línea que pintaste. ¿Parece tu papel un plano inclinado? Coloca el triángulo del papel con la línea en tu escritorio. Ponlo de tal manera que la línea esté bocabajo. Empareja tu lápiz con el lado más corto del triángulo. Enrolla el papel apretándolo alrededor del lápiz. Ahora, ¿sabes en qué se parece un tornillo a un plano inclinado?

¿Cómo facilita el trabajo un plano inclinado?

Materiales   escala para medir la fuerza /
objetos pequeños / 6 libros / tabla

Moviendo el objeto	Centímetros que se estiró
Levantando	
Usando 2 libros	
Usando 4 libros	
Usando 6 libros	

Procedimiento
A. Haz una tabla como la que se muestra.
Escribe las respuestas a las preguntas de abajo
en tu tabla.

B. Levanta un objeto pequeño usando la
escala para medir la fuerza.
   1. ¿Cuánto se estiró la liga?

C. Pon dos libros debajo de un extremo de una
tabla para hacer una rampa. Usa la escala
para tirar de los objetos arrastrándolos hacia
arriba de la rampa.
   2. ¿Cuánto se estiró la liga?

D. Pon dos libros más debajo de la tabla. Usa la
escala para tirar de los objetos hacia arriba de
la rampa.
   3. ¿Cuánto se estiró la liga?

E. Pon dos libros más debajo de la tabla. Esto
hará la rampa muy empinada. Usa la escala
para tirar de los objetos hacia arriba de la
rampa.
   4. ¿Cuánto se estiró la liga?

Conclusión
1. ¿Cuándo se usó más fuerza para mover el
objeto?

2. ¿Cuándo se usó menos fuerza para mover el
objeto?

La ciencia en la práctica
Es muy difícil caminar hacia arriba en una
rampa que esté muy empinada. ¿Cómo
explicas esto?

131

LA RUEDA Y EL EJE
¿Cómo facilitan el trabajo la rueda y el eje?

En tu escuela y en tu casa hay muchas puertas. Usas una perilla para abrir la mayoría de estas puertas. Una perilla es una máquina simple que se llama rueda y eje. Una máquina de **rueda y eje** es una rueda que gira sobre un poste central. El poste central es el eje. La rueda y el eje facilitan voltear y mover las cosas. Busca la rueda y el eje en la perilla.

Haciendo girar una perilla

Ejemplos de rueda y eje

Hay muchos ejemplos de la rueda y el eje. A veces es fácil reconocer la rueda y el eje. Así es en las bicicletas, en los vagones y en los patines. Todas estas cosas se mueven mediante ruedas. Nombra algunas otras cosas que se mueven sobre ruedas.

A veces no es tan fácil reconocer una rueda y un eje. Piensa en el volante de un coche. Aquí el eje es la columna de dirección. El volante permite al chofer voltear el coche. Para hacer esto, no se necesita ejercer mucha fuerza. Se necesita menos fuerza cuando el volante es grande. Por esto los volantes de los camiones son más grandes que los de los coches. Sería muy difícil para un chofer de camión dar vuelta en las esquinas sin un volante grande.

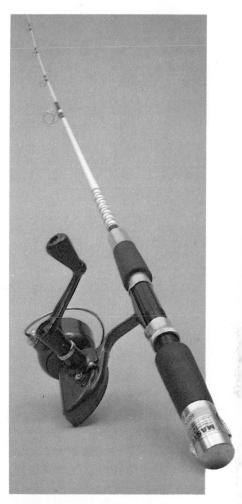

Caña de pescar y carrete

Volante y columna de dirección

Un camión grande dando una vuelta

133

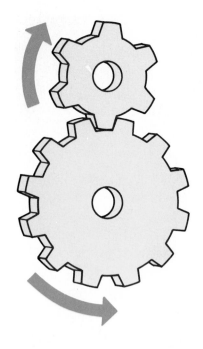

Un engrane es una máquina de rueda y eje especial. Un **engrane** es una rueda con dientes. Los dientes permiten que un engrane **haga girar** a otro. En el dibujo, el engrane mayor tiene más dientes que el engrane menor. Los dientes de este engrane mayor encajan bien en los dientes del engrane menor. Cuando el engrane mayor da vueltas, el menor da vueltas también.

Los engranajes o conjunto de engranes se usan en los relojes, en los carros y en muchas otras máquinas. Aquí puedes ver el engranaje de una batidora de huevos. Los batidores de abajo dan vueltas más rápido que el mango.

La batidora de huevos

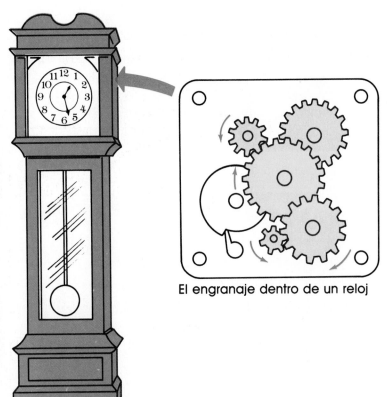

El engranaje dentro de un reloj

POLEAS
¿Cómo se usan las poleas?

Este hombre está izando banderas. No podría hacer este trabajo sin usar una máquina simple que se llama polea. Una **polea** es una rueda con una soga alrededor. La soga encaja en la ranura de la rueda. A medida que el hombre tira de la soga, las banderas empiezan a izarse. La fuerza y la carga su mueven en direcciones opuestas.

Las poleas se usan para alzar, para bajar o para mover lateralmente los objetos. También se usan para mover objetos, así como las banderas, a sitios difíciles de alcanzar.

UNA POLEA FIJA

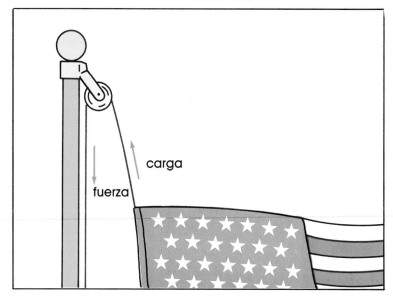

carga

fuerza

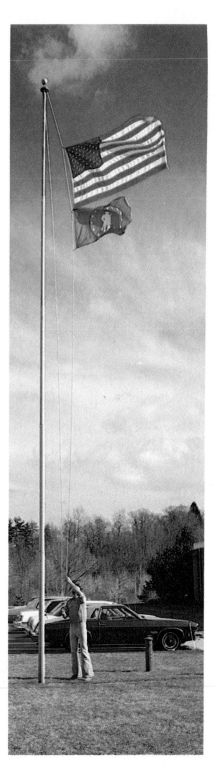

El hombre iza las banderas

135

El niño mueve las cortinas

La polea en un asta de bandera se llama una polea fija. Una **polea fija** se mantiene en un sitio. Las poleas fijas se usan para mover persianas y cortinas. Busca la polea que se usará para mover las cortinas.

Algunas poleas se usan para levantar cargas pesadas. Estas poleas se mueven al moverse la carga. Éstas se llaman **poleas movedizas.**

Por lo general, se usa una polea movediza juntamente con una polea fija. La carga está sujeta a la polea movediza. Un solo cable pasa entre las dos poleas. Cuando se tira del cable, la carga se alza. De esta manera es fácil mover una carga pesada. Busca la polea fija y la polea movediza en esta fotografía.

Alzando una pesada carga

— MÁQUINAS COMPUESTAS —
¿Qué son las máquinas compuestas?

Muchas máquinas que usa la gente son máquinas compuestas. Las **máquinas compuestas** constan de dos o más máquinas simples. Las tijeras se hacen de dos palancas que trabajan juntas. Los bordes cortantes de las tijeras tienen forma de cuñas.

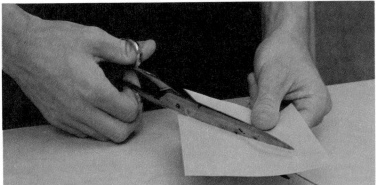

Cortando papel

El sacapuntas por dentro

Mira este sacapuntas. Se le ha quitado la cubierta. ¿Cuáles máquinas simples ves aquí? El mango es una rueda que da vueltas en un eje. Otra parte del sacapuntas parece un tornillo. Una máquina compuesta como ésta le saca punta a un lápiz fácil y rápidamente. Probablemente hayas usado otras máquinas compuestas en la escuela y en tu casa.

CONCEPTOS PARA RECORDAR

▶ Las máquinas facilitan el trabajo de la gente.

▶ Las máquinas simples tienen muy pocas o ningunas partes movedizas.

▶ La palanca, el plano inclinado, la rueda y el eje y la polea son máquinas simples.

▶ Las máquinas compuestas son hechas de dos o más máquinas simples.

139

Repaso del capítulo

TÉRMINOS CIENTÍFICOS

A. Copia las oraciones abajo. Usa los términos científicos de este capítulo para completar las oraciones.

1. Las máquinas que tienen muy pocas o ningunas partes movedizas se llaman ____.

2. Una rampa, que tiene un extremo más alto que el otro, se llama un ____.

3. Una rueda con dientes se llama ____.

4. Dos planos inclinados juntos hacen una ____.

5. Una ____ es una rueda con una soga alrededor.

6. Un ____ es como un plano inclinado enroscado a un poste central.

7. Una ____ es una rueda que gira alrededor de un poste central.

8. Una ____ siempre se mueve sobre un punto de apoyo.

B. Desenmaraña cada grupo de letras para encontrar un término científico de este capítulo. Escribe una oración usando cada término.

1. naquima permocatus
2. alope jafi
3. graca

4. pelao zivomade
5. plisme quianam
6. azufer

COMPRENSIÓN DE LAS IDEAS

A. Nombra cada una de estas máquinas simples. Explica cómo cada una de ellas facilita el trabajo.

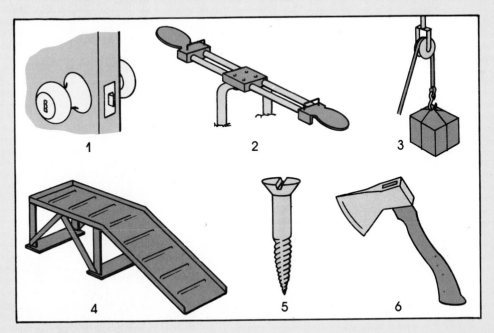

B. Compara una polea fija con una polea movediza. Haz una lista de algunos usos de cada una de ellas.

LAS IDEAS EN LA PRÁCTICA

1. Inventa una máquina compuesta hecha de al menos tres máquinas simples. Haz un dibujo de tu invención. Nombra las máquinas simples en tu dibujo.

2. Haz una lista de las máquinas que se encuentran en el salón de clases, en el campo de recreo y en tu casa. Haz una gráfica de barras nombrando las máquinas que se encuentran en cada uno de estos sitios. Cuida de que la máquina que pongas en la lista corresponda a su clase.

Capítulo 8

El sonido

Hay sonidos todo alrededor de ti. Una calle congestionada en el centro de una ciudad tiene muchas clases de sonidos. Imagínate parado en una acera en la ciudad. ¿Qué sonidos oirías? ¿Por qué serían diferentes los sonidos? ¿Cuáles sonidos serían desagradables? ¿Cuáles sonidos serían importantes para ti?

En este capítulo vas a aprender algo acerca de los sonidos. Vas a aprender cómo se producen los sonidos y cómo son diferentes. También vas a aprender cómo se trasmiten los sonidos.

— PRODUCCIÓN DE SONIDOS —
¿Cómo se hacen los sonidos?

Escucha con cuidado los sonidos que te rodean. El sonido es una forma de energía. El sonido viene de la materia que se mueve de un lado a otro o que vibra. El vaivén del movimiento se llama **vibración.** Un tambor vibra cuando se golpea. La regla de medir en una foto está vibrando. ¿Qué causó esta vibración? Cada uno de estos objetos suena cuando vibra.

Has aprendido que toda la materia está hecha de partículas pequeñas. El sonido se mueve a través de la materia haciendo vibrar las partículas. Sin estas partículas de materia, el sonido no podría moverse de un sitio a otro.

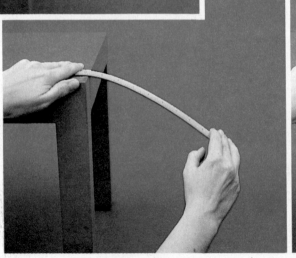

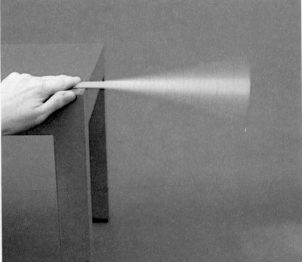

Cuando se pulsa una cuerda de guitarra, la cuerda vibra. La cuerda vibrante hace que las partículas de aire a su alrededor se muevan de un lado a otro. Estas partículas vibrantes hacen que las partículas junto a ellas vibren también. La vibración pasa de una partícula a otra. En un instante, las partículas alejadas de la cuerda están vibrando también. Así se propaga el sonido de un sitio a otro.

Los sonidos se propagan en ondas. Las ondas de sonido atraviesan el aire en todas direcciones. El dibujo muestra cómo se mueve el sonido alejándose de la campana que suena. La gente alrededor de la campana oye el sonido. No importa el sitio en que esté.

Vibración de la cuerda pulsada

SONIDOS DIFERENTES
¿En qué se diferencian los sonidos?

Tú sabes que los sonidos son diferentes. Hay sonidos fuertes y hay sonidos suaves. Lo fuerte y lo suave de un sonido se llama **volumen.** Un sonido fuerte tiene más volumen que un sonido suave. Mira la fotografía. Si se golpea suavemente el tambor, el sonido será suave. Si se golpea más duro, el sonido será más fuerte. Entre más fuerte se golpee el tambor, más vibrará éste. El aire alrededor del tambor vibrará también. Por lo tanto, el sonido será más fuerte.

Haciendo vibrar un tambor

Otra diferencia en el sonido se llama tono o diapasón. El **tono** es lo alto o lo bajo de un sonido. ¿Has escuchado alguna vez una tuba o una flauta? Suenan diferente. La tuba tiene un tono bajo. La flauta tiene un tono más alto.

La velocidad de las vibraciones controla el tono. Las vibraciones veloces hacen sonidos con un tono alto. Las vibraciones lentas, hacen sonidos con un tono bajo. La flauta hace que las partículas de aire vibren rápidamente. La tuba hace que las partículas de aire vibren lentamente.

Las bandas de música usan instrumentos que hacen muchas clases de sonidos. Los sonidos no son iguales, aunque el volumen pueda ser el mismo.

Tocando una tuba

Algunos instrumentos de viento en una banda

Tocando una flauta

147

¿En qué se diferencian los sonidos?

Materiales   caja de zapatos / tijeras / 3 ligas de diferente tamaño

Procedimiento

A. Quita la tapa a la caja de zapatos. Usa las tijeras para cortar una abertura rectangular en la tapa, tal como se ve en la foto. La abertura deberá medir 15 centímetros de largo por 5 centímetros de ancho.

B. Coloca la tapa sobre la caja. Coloca tres ligas alrededor de la caja. Deben quedar estiradas sobre la abertura. Las ligas deben estar colocadas a unos 3 centímetros de distancia entre sí.

  1. ¿En qué se diferenciará el sonido si pulsas o tocas suavemente cada liga?

C. Pulsa o toca suavemente cada liga.

  2. ¿En qué se diferencian los sonidos?
  3. ¿Cuál liga tiene el tono más alto?
  4. ¿Cuál liga tiene el tono más bajo?

Conclusión

1. ¿Qué causa la diferencia de tono entre las ligas?

La ciencia en la práctica

1. ¿Cómo podrías cambiar este experimento para obtener diferentes sonidos?

2. ¿Por qué el violín o la guitarra tienen cuerdas de diferente grueso?

CÓMO SE PROPAGA EL SONIDO
¿Cómo el sonido viaja a través de distintas clases de materia?

El sonido viaja de un sitio a otro a través de toda clase de materia. Tú sabes que el sonido viaja a través del aire. El sonido también viaja a través de materia líquida y materia sólida. Pero el sonido se propaga de un modo distinto cuando pasa por líquidos y sólidos a cuando pasa por gases como el aire.

Las partículas en los gases están más separadas que en los líquidos y en los sólidos. La distancia entre las partículas afecta su capacidad de pasarse las vibraciones unas a otras. Es más difícil pasar las vibraciones a través de la materia cuando las partículas están muy separadas. Puesto que las partículas en el aire están más separadas, el aire no propaga las vibraciones tan bien como el líquido.

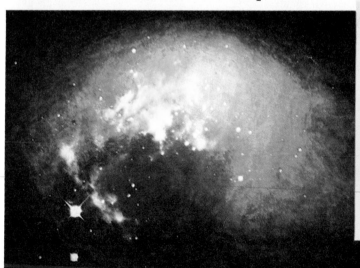

¿Sabías esto?

No existen sonidos en el espacio. No podrías oír un disparo a un metro de distancia. No hay aire en el espacio. Las partículas no existen para pasarse las vibraciones unas a otras. El sonido no puede llegar a tus oídos porque no hay partículas vibrantes.

VELOCIDAD DEL SONIDO

Tipo de materia	Velocidad (en metros por segundo)
aire	340
agua	1 500
madera	3 500
piedra	3 700

El sonido también viaja a través de diferentes materias a diferentes velocidades. El sonido se mueve más rápido a través de los sólidos. Se mueve mucho más despacio a través de gases tales como el aire.

Mira la tabla de abajo, muestra la velocidad del sonido al propagarse a través de diferentes clases de materia. ¿Cual es la unidad de medida de la velocidad? ¿Por qué es casi igual la velocidad del sonido cuando pasa por la madera que cuando pasa por una piedra?

A descubrir

¿Puedes usar el sonido para medir distancia? La luz viaja mucho más rápido que el sonido. Cuando cae un rayo, lo ves instantáneamente. El sonido se desplaza mucho más lentamente. Así que oyes el trueno después que ves el relámpago. Mientras más tiempo transcurre entre ver el rayo y oír el trueno, más distancia habrá entre el rayo y tú.

Puedes medir la distancia del rayo. Mide cuántos segundos transcurrieron entre el rayo y el trueno. El sonido toma 3 segundos en recorrer un kilómetro. Cuando veas el rayo, cuenta cuántos segundos pasan antes de que oigas el trueno. Divide el número de segundos por 3. La respuesta será la distancia a la que haya caído el rayo en kilómetros. ¿A qué distancia cayó el rayo si pasan 12 segundos antes de que oigas el trueno?

¿Cómo se propaga el sonido a través de la materia?

Materiales   reloj de cuerda / regla métrica / bolsa de plástico con cierre

Procedimiento

A. Pon el reloj de cuerda en una mesa. Usa la regla para medir la distancia de 100 centímetros del reloj. Escucha el reloj a esa distancia.

    1. ¿Puedes oír el reloj a través del aire?

B. Mide 100 centímetros del reloj en la mesa. Pega el oído a la mesa a los 100 centímetros. Escucha el reloj.

    2. ¿Puedes oír el reloj a través de la mesa?

    3. Si puedes oír el reloj, ¿cómo suena?

C. Llena la bolsa de plástico de agua. Cierra la bolsa y póntela al oído. Pide a uno de tus compañeros que te ponga el reloj junto a la bolsa.

    4. ¿Puedes oír el reloj a través de un sólido, de un líquido o de un gas?

La ciencia en la práctica

¿Se mueve el sonido diferente cuando pasa a través de algunos sólidos que cuando pasa a través de otros? ¿Cómo lo sabes?

— CÓMO REBOTA EL SONIDO —
¿Qué ocurre cuando los sonidos topan con objetos diferentes?

El sonido se mueve a nuestro alrededor. El sonido rebota de muchas superficies. Estos sonidos, son sonidos reflejados. Un **sonido reflejado** es el que ha cambiado la dirección de su movimiento. Una pelota lanzada contra una pared rebota en otra dirección. Los sonidos que topan con objetos se reflejan o rebotan en otras direcciones también.

El dibujo muestra cómo se refleja el sonido en diferentes superficies. El sonido que topa con una superficie lisa se refleja en una dirección. La dirección en la cual se refleje el sonido dependerá de cómo tope con la superficie. ¿En qué dirección se refleja el sonido que topa con una superficie irregular?

Cómo se refleja el sonido

¿Has oído alguna vez un eco? Un **eco** es un sonido reflejado. Los ecos se oyen mejor en lugares en los que hay una superficie dura frente a la fuente del sonido.

Algunas superficies absorben el sonido. Absorben el sonido como la esponja absorbe el agua. Los sonidos que se absorben no pue-

Un cuarto desamueblado

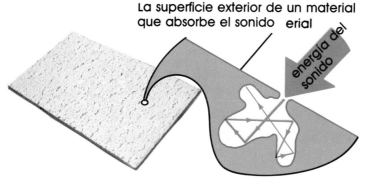

La superficie exterior de un material que absorbe el sonido

energía del sonido

Material que absorbe el sonido

Un cuarto amueblado

Las cortinas absorben el sonido. Las alfombras y los muebles cubiertos de telas suaves también absorben el sonido. ¿En cuál de estos cuartos se absorbería mejor el sonido?

A descubrir

¿Qué absorbe mejor el sonido? Pon un reloj de cuerda en una caja. Haz un pequeño agujero en la caja. Pon el oído junto al agujero. Escucha el tic-tac del reloj. Ahora, usa diferentes materiales para envolver el reloj. Puedes usar madera, tela, papel y esponjas. ¿Qué otros materiales puedes usar? Cada vez que envuelvas el reloj con alguno de estos materiales escucha el tic-tac. ¿Cuál de estos materiales absorbe mejor el sonido?

LOS SONIDOS DE LOS SERES VIVIENTES

¿Cómo emiten sonidos los seres vivientes?

Los sonidos pueden ser muy interesantes. Algunos de los más interesantes los hacen los animales. Los animales y las personas usan los sonidos para enviarse mensajes unos a otros. A esto se le llama **comunicación.**

Tú te comunicas mediante el sonido cuando hablas. Hablas usando las cuerdas vocales en tu garganta. Las **cuerdas vocales** son unos repliegues especiales de los músculos que vibran cuando hablas. Las diferentes vibraciones de tus cuerdas vocales producen sonidos diferentes. Tu boca y tu lengua ayudan a formar estos sonidos.

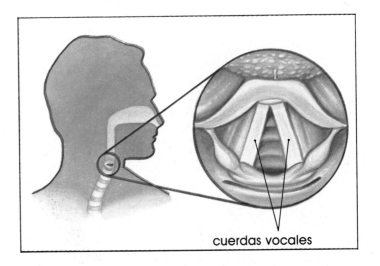

cuerdas vocales

Los animales emiten sonidos de muchas maneras. ¿Has oído las ranas y los grillos en la noche? Emiten sonidos en forma especial.

La rana cantarina de primavera es una especie de rana pequeña con gran voz. Quizá la hayas oído cantando en la noche. Esta rana llena de aire un saco que tiene en la garganta. Este saco parece un globo. La rana usa el aire del saco para aumentar el volumen del sonido que hace.

Los grillos no tienen cuerdas vocales. Los grillos emiten sonidos al frotarse rápidamente las alas. Esto hace que vibre el aire que los rodea.

Grillo

Rana cantarina de primavera

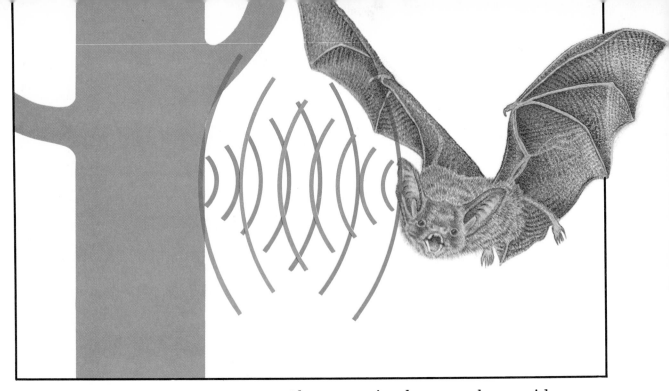

Algunos animales usan los sonidos para localizar objetos. Estos animales producen sonidos con un tono muy alto o agudo. Estos sonidos no los pueden oír las personas. Los murciélagos son animales que hacen tales sonidos, los emiten cuando vuelan. Estos sonidos rebotan en los objetos y el murciélago oye el eco para encontrar los objetos. Puesto que los murciélagos no ven bien, usan el sonido para orientarse cuando vuelan. Los delfines encuentran objetos usando el sonido de esta manera.

El sonido es tan importante para las personas como para los animales. Pero algunas personas son sordas y no pueden oír los sonidos. Las personas sordas se comunican haciendo señas especiales con las manos.

Delfines

Una maestra usa señas para comunicarse con niños sordos.

CONCEPTOS PARA RECORDAR

► El sonido es una forma de energía.

► El sonido se produce cuando la materia vibra.

► El sonido viaja desde su lugar de origen en ondas que van a todas las direcciones.

► Lo fuerte o suave de un sonido se llama volumen.

► El tono es lo alto o lo bajo de un sonido.

► La velocidad del sonido es más rápida en los sólidos y más lenta en los gases.

► Un eco es un sonido reflejado.

Repaso del capítulo

TÉRMINOS CIENTÍFICOS

A. Usa las términos más abajo para completar las oraciones.

tono   vibración   sonido reflejado   volumen✓
   materia

El sonido viene de una __1__ que se mueve de un lado a otro. Este movimiento de un lado a otro se llama __2__ . El sonido se propaga en ondas en todas las direcciones. Un __3__ es un sonido que ha cambiado la dirección de su movimiento. Lo fuerte o lo suave de un sonido se llama __4__ . Lo alto o lo bajo de un sonido se llama __5__ .

B. Escribe la letra del término que mejor corresponda a la definición. No usarás todos los términos.

1. El envío de mensajes de uno a otro.   **a.** cuerdas
2. Se produce cuando vibra la materia.   vocales
3. Repliegues de músculos que   **b.** eco
   vibran.   **c.** sonido
4. Sonido reflejado.   **d.** volumen
5. Lo alto o lo bajo del sonido.   **e.** tono
          f. comunicación

COMPRENSIÓN DE LAS IDEAS

A. Escribe una *V* si lo que dice la oración es verdad o una *F* si lo que dice la oración es falso.

1. El sonido se propaga en ondas desde su origen en una dirección.

2. El sonido es una forma de energía.

3. Lo fuerte lo suave de un sonido se llama tono.

4. Las vibraciones lentas hacen sonidos que tienen un tono bajo.

5. Las superficies irregulares reflejan mejor el sonido que las superficies lisas.

B. Mira el dibujo de un arpa. ¿Cuáles cuerdas pulsarías o tocarías para obtener un tono alto? Explica tu respuesta.

LAS IDEAS EN LA PRÁCTICA

1. Haz una lista de todos los sonidos que puedas oír en el salón de clases. Junto a cada sonido escribe su descripción. Di si el sonido es agradable o desagradable, alto o bajo, fuerte o suave. Comenta la lista con tus compañeros. Ahora, repite esta actividad afuera del salón.

Las profesiones en las ciencias

Un mecánico

Las máquinas son importantes para todos. Las personas usan máquinas en casi todo lo que hacen. Los *mecánicos* ponen a

Un ama de casa

punto y reparan los motores de los carros.

Las *amas de casa* trabajan con muchas clases de máquinas. Las máquinas facilitan el trabajo de un ama de casa. Algunas máquinas son simples pero muchas son compuestas.

Un locutor de radio

El sonido también se usa de otras maneras. Los *vendedores* hablan de las cosas que venden. Los *reporteros de la radio y la televisión* hablan de las noticias y del tiempo. Un *locutor* usa el sonido grabado cuando pone discos o cintas.

La gente en las ciencias

Thomas A. Edison (1847–1931)
Thomas A. Edison fue probablemente el inventor más grande del
mundo. A Edison se le acreditan
más de 1000 inventos. Sus inventos cambiaron la vida de millones
de personas. Edison se interesaba
por todo. Pero quizá su invento
más grande fue el foco de luz
eléctrica o bombilla de luz eléctrica. También inventó el fonógrafo y la máquina cinematográ-
fica entre otras muchas cosas.

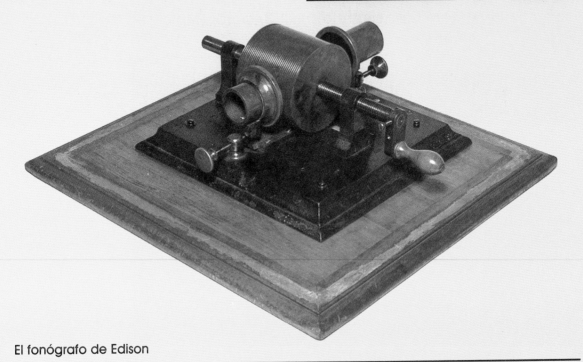

El fonógrafo de Edison

Desarrollo de destrezas

DESTREZA DE PALABRAS

Muchos términos científicos pueden separarse en partes. La tabla lista partes de palabras y sus significados.

Partes de palabras	Significado
mega-	grande
son-, sono-	sonido
super-	arriba o sobre
tele-	lejos

Partes de palabras	Significado
-gram	dibujo
-graf	escrito
-ico	referente a
-fono	sonido

Usa las tablas para encontrar el significado de algunos términos científicos. Puedes hacer esto buscando el significado de cada parte de la palabra. Por ejemplo, la palabra *teléfono* se compone de estas partes: *tele + fono.*

1. teléfono
2. telégrafo
3. sonograma
4. megáfono
5. supersónico
6. gráfica

LECTURA DE UNA TABLA

Una tabla es una lista de datos. En la página que sigue hay una tabla con una lista de sonidos diferentes. La cifra al lado de cada tipo de sonido te explica lo fuerte o lo suave del sonido. La fuerza de un sonido se mide en unidades que se llaman decibelios. El símbolo para un decibelio es *dB.*

Mira la tabla y contesta las preguntas que siguen.

1. ¿Cuál sonido es el más fuerte?
2. ¿Cuál es el doble de fuerte del sonido de un susurro?
3. ¿Cuáles sonidos no son tan fuertes como el sonido del tráfico en una ciudad?
4. ¿Cuál sonido es más fuerte, el que hace un metro o tren o el de una banda de rock?

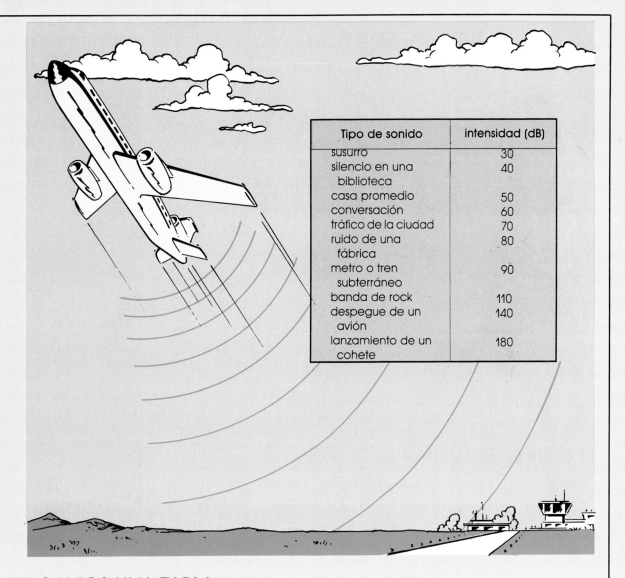

Tipo de sonido	intensidad (dB)
susurro	30
silencio en una biblioteca	40
casa promedio	50
conversación	60
tráfico de la ciudad	70
ruido de una fábrica	80
metro o tren subterráneo	90
banda de rock	110
despegue de un avión	140
lanzamiento de un cohete	180

HAGAMOS UNA TABLA

Haz una lista de las máquinas simples que encuentres en tu casa. Asegúrate de buscar estos objetos en la cocina y otros cuartos donde se guarda la herramienta. Muchos de tus juguetes pueden ser máquinas simples.

Usa esta información para hacer una tabla. Junto al nombre de cada objeto, escribe el tipo de máquina simple que es.

Observemos nuestra Tierra y sus vecinos

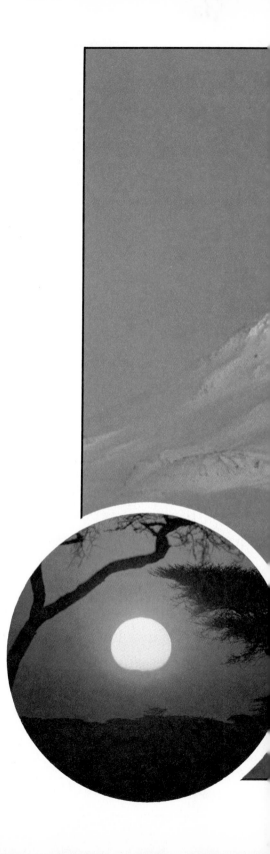

Si pudieras ver la Tierra desde el espacio, se vería como una pelota grande. Tú vives en la Tierra. Y probablemente ya hayas aprendido muchas cosas acerca de la Tierra. Pero hay cosas que es posible que no sepas. Es posible que no sepas de las cosas que hay dentro de la Tierra. Es posible que no sepas cómo la Tierra está cambiando constantemente. Y es posible que no sepas acerca de los vecinos de la Tierra en el espacio.

En esta unidad, aprenderás muchas cosas sobre la Tierra. También aprenderás acerca de algunos vecinos de la Tierra en el espacio.

Capítulo 9

La Tierra cambiante

¿Cuántos años tienes? ¿Cómo has cambiado desde el año pasado? Posiblemente ahora estás más alto. La gente siempre cambia conforme va creciendo.

La Tierra también cambia conforme va creciendo. Algunos de estos cambios toman mucho tiempo. Pueden tomar millones de años.

Esta fotografía te muestra un lugar que ha estado cambiando por muchos años. Las piedras se han gastado. ¿Qué piensas que esté causando este cambio? En este capítulo aprenderás acerca de las formas en que la Tierra cambia.

El Gran Cañón
desde punta Morán

DENTRO DE LA TIERRA
¿Cómo se ve el interior de la Tierra?

En alguna forma, puedes comparar la Tierra a un huevo cocido o duro. Mira el dibujo de la Tierra y el huevo partido por la mitad. ¿En qué se parecen? Puedes ver que ambos tienen tres capas.

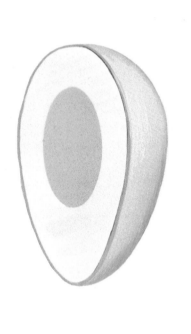

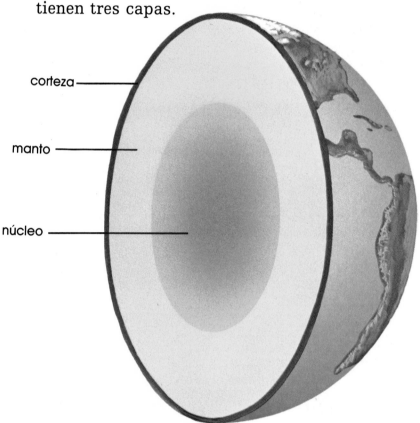

corteza

manto

núcleo

La capa de afuera de la Tierra se llama **corteza.** Como el cascarón, la corteza es la capa más delgada. La corteza está hecha mayormente de piedras sólidas. La corteza es la capa más importante de la Tierra. Tú vives en la corteza terrestre.

Tierra cultivada

Rocas que afloran

Los alimentos crecen de la tierra vegetal o suelo que es parte de la corteza. Muchos materiales importantes vienen del interior de la corteza. Algunos de estos materiales son carbón, petróleo y hierro.

Debajo de la corteza de la Tierra hay una capa más gruesa de material rocoso. Esta capa se llama **manto.** Los científicos nunca han excavado en el manto de la Tierra. Pero saben que está caliente.

La capa debajo del manto se llama **núcleo.** Los científicos no piensan que el centro esté hecho de piedra. Creen que es casi todo de hierro. La parte de afuera del núcleo puede ser líquido. Su centro puede ser sólido. El núcleo es la parte más caliente de la Tierra.

¿Cómo puedes averiguar qué hay adentro de algo sin poder verlo?

Materiales 3 pelotas de barro / palillos de dientes / brújula.

Procedimiento

A. Examina la parte de afuera de 3 pelotas de barro. Cada pelota puede contener una piedra, una canica, un tornillo de metal, un pedazo de madera, un pedazo de papel o simplemente, nada.

   1. ¿Qué piensas que hay adentro de cada pelota?

B. Trata de averiguar si hay algún objeto dentro de cada pelota. Para hacer esto, puedes meter un palillo de dientes 15 veces dentro de cada pelota. Ten cuidado de no cambiar la forma de la pelota.

   2. ¿Encontraste algún objeto en cada pelota?

   3. ¿Cuál es el tamaño y la forma de cada objeto que encontraste?

C. Una brújula es un imán. Busca si algo dentro de cada pelota mueve la aguja de la brújula.

D. Trata de adivinar qué está adentro de cada pelota.

E. Parte las pelotas en dos y mira lo que está adentro.

Conclusión

1. ¿Pudiste encontrar qué había adentro de cada pelota sin verla por dentro?

2. ¿Qué otra cosa podías haber hecho para encontrar los objetos?

La ciencia en la práctica

¿Qué podrías hacer para saber qué hay dentro de un regalo antes de abrirlo?

CAMBIOS RÁPIDOS EN LA CORTEZA

¿Cómo cambian los terremotos y los volcanes a la corteza?

La corteza de la Tierra está cambiando constantemente. Algunos cambios son muy rápidos. Pueden tomar sólo algunos minutos.

Los terremotos causan un cambio muy rápido en la corteza de la Tierra. Un **terremoto** es un movimiento de las rocas en la corteza. Esto puede suceder cuando las fuerzas de adentro de la Tierra empujan hacia arriba la corteza. La Tierra puede subir o caer cuando las capas de la corteza se cuartean y se mueven. Algunas veces este movimiento causa daños a la superficie de la corteza.

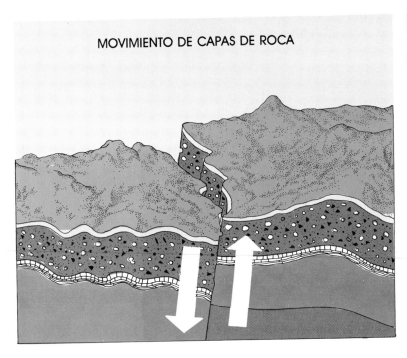

MOVIMIENTO DE CAPAS DE ROCA

Daño causado por un terremoto

171

Los científicos están buscando la manera de pronosticar los terremotos. Han descubierto que los animales se comportan muy extraños antes de un terremoto. Unas horas antes de un terremoto en China, los animales se comportaban muy extraño. Las vacas y los cerdos no se metían a sus corrales. Los sapos brincaban adentro de los hoyos de hielo en los charcos. Los animales parecían sentir que algo iba a suceder.

Algunos científicos creen que los animales pueden sentir cuándo va a haber un terremoto. Pero nadie está seguro. Falta mucho por descubrir acerca de esto.

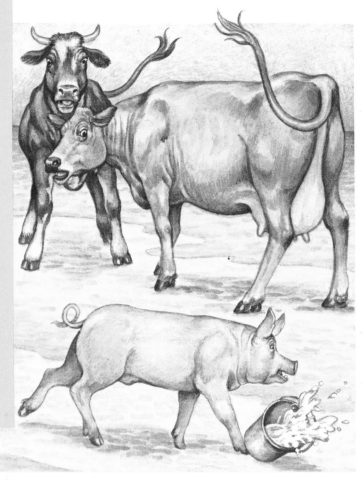

Antes de un terremoto

Está muy caliente dentro de la corteza de la Tierra. Está tan caliente que una piedra se puede derretir. Las piedras derretidas se llaman **magma.** El magma puede salirse a través de las cuarteaduras de la corteza. Entre más y más magma salga a la superficie, se forma un volcán. Un **volcán** es una apertura en la corteza de la Tierra por donde sale el magma.

172

Aquí puedes ver cómo la ardiente roca
derretida sale de un volcán. La roca derretida
que sale de un volcán se llama lava. Después
de que la lava se enfría, se endurece y se
vuelve piedra.

DENTRO DE UN VOLCÁN

lava

magma

un volcán activo

CAMBIOS LENTOS EN LA CORTEZA TERRESTRE

¿Cómo cambian las piedras en la corteza de la Tierra?

Mucha gente piensa que algo hecho de piedra puede durar para siempre. Las piedras parecen que no cambian. Pero todas las piedras en la superficie de la Tierra sí cambian. Se gastan. Se rompen lentamente en pedazos pequeños. Las piedras y rocas se desgastan y rompen debido a los **cambios** o alteraciones causados por **agentes naturales.** La mayor parte de estos cambios o alteraciones se deben a la acción del agua y el viento en movimiento.

Erosión de las piedras

El arroyo arrastra la tierra

¿Qué pasa después de que las piedras se rompen en pedazos pequeñitos? Algunos pedazos de rocas vienen a formar parte de la tierra vegetal. El agua o el viento pueden llevar estos pedazos a lugares nuevos. El movimiento de rocas y de tierra vegetal causado por el agua y el viento se llama erosión.

Esta fotografía te muestra lo que puede hacer la erosión. La corriente se ve lodosa. La tierra vegetal es arrastrada a lugares nuevos. También puedes observar un suelo cultivado cambiado por la erosión. ¿Cómo se verá este suelo si hay más erosión?

La acción de la erosión

175

CAMBIOS CAUSADOS POR EL AGUA

¿Cómo cambia el agua la corteza de la Tierra?

¿Has visto alguna vez las piedras cerca de un río o una corriente de agua? La mayoría son redondas y lisas. ¿Qué hace que estas piedras sean redondas y lisas?

Una corriente rápida de un río o de un arroyo puede mover las piedras. Las piedras chocan y ruedan unas contra otras. Esto les desgasta las puntas filosas. Con el tiempo, las piedras se desgastan más y se hacen lisas. El agua ha cambiado las piedras.

Piedras redondeadas y desgastadas

Una corriente rápida arrastra pedacitos de piedras y tierra. Estos pedazos de piedras y tierra cambian el fondo del río o del arroyo. Las piedras cortan el fondo y lo hacen más hondo. Cuando el agua se detiene, las piedras y la tierra se asientan en el fondo. Después de muchos años, estas capas de piedra y de tierra formarán una tierra nueva. Mira la foto. Busca la tierra nueva que se ha formado.

Tierra nueva

El agua cambia la posición de las rocas. Algunas veces el agua se mete en los pequeños agujeros de las rocas. En tiempo de frío, el agua se puede congelar. El agua se expande al congelarse. Por lo tanto, el agua congelada hace más grandes las cuarteaduras de las piedras. Pronto, la roca empieza a romperse en pedazos más pequeños. El agua que se congela en las ranuras de las piedras es otra forma de erosión que cambia las rocas.

Rocas cuarteadas

¿Cómo puede la erosión cambiar las rocas?

Materiales Sal de roca / lupa / arena / un frasco pequeño con una tapa / una cuchara / agua / un platillo poco profundo / papel

Procedimiento

A. Coloca unos terrones de sal en la hoja de papel. Observa los terrones de sal con la lupa. Escribe lo que veas.

   1. Describe el tamaño y la forma de los terrones de sal.

B. Pon suficientes terrones de sal en el frasco para cubrir el fondo. Agrégale una cucharada de arena. Cubre la tierra y la sal con agua. Pon la tapa al frasco.

C. Agita el frasco tapado durante 2 minutos.

   2. ¿Qué crees que está pasando con los terrones de sal?

D. Quítale la tapa al frasco. Vacía el agua en el plato. Vacía los terrones de sal en una hoja de papel.

E. Observa los terrones de sal con la lupa.

   3. ¿En qué ha cambiado la forma y el tamaño de los terrones de sal?

Conclusión

1. ¿Cómo cambió la erosión los terrones de sal? 2. ¿Cómo pueden cambiar las rocas el agua y la arena en movimiento de un río o arroyo?

La ciencia en la práctica

Deja que se evapore el agua del plato. Esto probablemente se lleve algunos días. Mira la materia que ha quedado en el plato. ¿De dónde viene esta materia? ¿En qué otra forma puede cambiar la corriente del agua a las piedras?

178

CAMBIOS CAUSADOS POR EL VIENTO

¿Cómo cambian la corteza de la Tierra las tormentas de viento?

¿Nunca te han soplado polvo en la cara? Esto puede suceder en un día ventoso. El viento puede llevar pedacitos de arena y de tierra. En esta fotografía puedes cómo es una tormenta de viento. Ves que el viento levanta arena y tierra. Algunos vientos fuertes pueden soplar la tierra y la arena muy lejos de donde se formaron. Cuando el viento se calma, estos materiales caen al suelo, formando médanos y dunas de arena como éstos. Los vientos fuertes pueden causar mucha erosión que cambia la corteza.

Una tormenta de polvo.

Médanos o dunas de arena

Un arco de piedra

La arena que arrastran los fuertes vientos puede desgastar las piedras. Esta arena golpea las piedras. Muele pedacitos de la piedra. Andando el tiempo, la forma de la piedra cambia. Estas piedras han sido esculpidas por los vientos que llevan arena.

A veces, hay que proteger los suelos contra los vientos. Los vientos fuertes pueden llevarse la tierra vegetal que se necesita. La tierra que se cubre de plantas puede disminuir esta clase de erosión. Las raíces de las plantas mantienen la tierra vegetal en su lugar.

Piedras talladas por el viento

CAMBIOS CAUSADOS POR SERES VIVIENTES

¿Cómo cambian la corteza de la Tierra los seres vivientes?

La gente, las plantas y los animales viven en la corteza de la Tierra. Algunas veces cambian partes de la corteza. A lo mejor tú también has cambiado la corteza.

La gente necesita caminos. Se cambian los suelos cuando se contruyen estos caminos. Hay que romper y mover grandes rocas.

Un camino montañoso

Excavando una fundación

A descubrir

¿Puedes encontrar algunas señas de cambio y desgaste? Mira en tu jardín o en tu vecindario. Los edificios, los caminos y las banquetas tienen señas de algunos desgastes. Busca ejemplos de erosión. Encontrarás lugares donde el viento y el agua se han llevado la tierra vegetal y la arena.

Haz una tabla como ésta. Te ayudará a recordar lo que hayas visto. En la tabla escribe si has visto erosión o un cambio o desgaste. Di dónde está y qué fue lo que lo causó. Posiblemente quieras hacer algún dibujo de lo que viste.

Una banqueta cuarteada

Habrás visto cómo la raíz de un árbol puede levantar y romper el cemento de una banqueta. Las plantas en crecimiento pueden cambiar las piedras de la misma forma. Las raíces de algunas plantas comienzan a crecer en las ranuras o cuarteaduras de las piedras. Conforme crecen las raíces, las piedras se rompen más y más. ¿Qué les pasará a estas piedras conforme vaya creciendo el árbol?

Algunos animales escarban la tierra vegetal y las piedras para buscar alimento. Quizá incluso vivan en la tierra.

Árbol creciendo en un roca

Un tejón escarbando

CONCEPTOS PARA RECORDAR

► Las capas de la Tierra son la corteza, el manto y el núcleo.

► La corteza siempre está cambiando.

► Los terremotos y los volcanes en erupción causan cambios rápidos en la corteza de la Tierra.

► El cambio o desgaste y la erosión causan cambios lentos en la corteza de la Tierra.

► El agua, el viento y los seres vivientes cambian la corteza.

Repaso del capítulo

TÉRMINOS CIENTÍFICOS

A. Copia las oraciones de abajo. Usa términos científicos de este capítulo para completar estas oraciones.

1. El desgaste y rotura de las piedras se llama ___.
2. La capa de afuera de la Tierra se llama ___.
3. Las rocas derretidas adentro de la Tierra se llaman ___.
4. Un ___ es un movimiento de rocas en la corteza de la Tierra.
5. El movimiento de rocas y tierra causado por el agua y el viento se llama ___.
6. El ___ es la parte más caliente de la Tierra.
7. Un ___ es una apertura en la corteza de la Tierra por la cual salen las rocas derretidas.
8. El ___ es la capa de material rocoso que está debajo de la corteza de la Tierra.
9. Las rocas derretidas que salen del volcán se llaman ___.

B. Escribe tantos términos científicos del capítulo como puedas usando las letras de este cuadro. Escribe una oración empleando cada término.

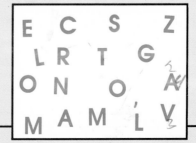

E C S Z
L R T G
O N O A
M A M L V

COMPRENSIÓN DE LAS IDEAS

A. Escribe oraciones que digan cómo cada uno de estos términos hace que cambie la corteza de la Tierra.

    1. terremoto **2.** volcán **3.** agua **4.** viento

        5. plantas   **6.** animales   **7.** la gente

B. Escribe el término que no corresponda en cada grupo.

    1. corteza, manto, plantas, núcleo

    2. lava, viento, magma, volcán

    3. viento, agua, seres vivientes, mineral

    4. desgaste, erosión, terremoto, tierra vegetal

C. Los dibujos muestran cambios en la corteza de la Tierra. Escribe los números de las fotos. En seguida de cada número escribe la causa de cada cambio.

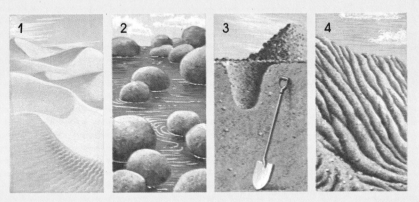

LAS IDEAS EN LA PRÁCTICA

1. La corteza de la Tierra cambia por medio del agua, el viento y los seres vivientes. Escribe acerca de dos formas en que tú hayas cambiado la corteza de la Tierra.

Capítulo 10

Los recursos de la Tierra

¿Has visto alguna vez cómo construyen una casa? Si lo has visto, sabrás que se necesitan muchos materiales.

En esta fotografía puedes ver a los trabajadores usando muchas clases de materiales. De alguna forma, todos estos materiales vinieron de la Tierra. Nombra algunas de las cosas que vinieron de la Tierra. ¿De dónde vienen los bloques? ¿De dónde viene la madera?

En este capítulo aprenderás acerca de muchas cosas útiles que vienen de la Tierra.

LA TIERRA VEGETAL COMO RECURSO
¿Por qué las plantas y los animales necesitan tierra vegetal?

Pinos secoya

Muchas de las cosas que necesitas en la vida vienen de la Tierra. No podrías vivir sin agua, sin tierra vegetal y sin aire. Los materiales útiles que vienen de la Tierra se llaman recursos naturales.

La tierra vegetal es un recurso natural muy importante. Las plantas necesitan la tierra vegetal para crecer. La gente usa muchas clases de plantas como alimento. La gente necesita los árboles para hacer tablas y papel. Diariamente, usas muchas cosas que crecieron en tierra vegetal. ¿Cuántas cosas has usado hoy que hayan crecido en tierra vegetal?

Tablas de pinos secoya

La tierra vegetal está compuesta de muchas clases de materia. La mayoría está hecha de pedazos de rocas y piedras desgastadas. Los pedazos de piedras pueden ser muy grandes o tan finitos como el polvo.

La mayoría de la tierra vegetal tiene materia que alguna vez estuvo viva. Son restos de plantas y de animales muertos.

Esto devuelve muchas materias útiles a la tierra vegetal. La materia de las plantas y los animales que se encuentran en la tierra vegetal se llama **humus** o **mantillo.**

Mantillo

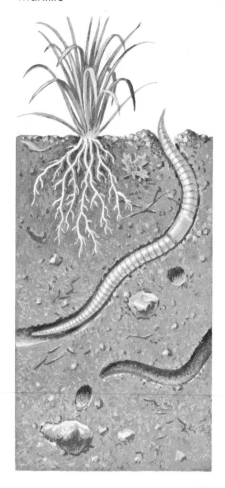

El humus o mantillo se encuentra en la capa exterior del suelo. Ayuda al suelo a retener el agua. Las plantas crecen bien en el suelo que tiene mucho humus.

Algunas veces las lombrices viven en la tierra vegetal. Las lombrices usan el humus como alimento. Las lombrices hacen túneles en la tierra. Los túneles permiten que el aire y el agua circulen en la tierra. Las plantas necesitan este aire y agua para crecer.

¿Es igual toda la tierra vegetal?

Materiales   2 toallas de papel / dos muestras de tierra vegetal / lupa / 2 frascos chicos con tapa / cinta de pegar de papel / lápiz / agua

Procedimiento

A. Pon 2 toallas de papel en tu escritorio. Ponle *A* a una y *B* a la otra. Pon una muestra de tierra vegetal en cada toalla.

B. Mira cada muestra.
   1. ¿En qué se parecen?
   2. ¿En qué son diferentes?

C. Haz una tabla como ésta.

D. Usa la lupa para buscar materiales diferentes en cada muestra. Escribe *sí* o *no* en tu tabla para contestar las siguientes preguntas.
   3. ¿Cuál de las dos tierras vegetales tiene partículas de piedra grandes?
   4. ¿Cuál de las dos tierras vegetales tiene partículas de piedra chicas?
   5. ¿Cuál tierra vegetal tiene restos de plantas y de animales?

Material en tierra vegetal	Muestra A	Muestra B
Grandes partículas de roca		
Pequeñas partículas de roca		
Restos de plantas		
Restos de animales		

E. Usa la cinta de pegar para ponerles una *A* y una *B* a los frascos.

F. Pon tierra del *A* en el frasco que tiene la *A.* Pon tierra de la muestra *B,* en el frasco que tiene la *B.* Llena los dos frascos de agua. Ponles las tapas. Agita cada frasco para que se mezcle la tierra con el agua. Espera a que se asiente la tierra en cada frasco.
   6. ¿Qué pasó con la tierra en cada frasco?

Conclusión

¿Es igual toda la tierra vegetal? Explica tu respuesta

La ciencia en la práctica

¿En cuál tierra crecería mejor una planta? Explícalo.

EL AIRE QUE NOS RODEA
¿Por qué es el aire un recurso natural muy importante?

Hay aire todo a tu alrededor. Pero no puedes verlo. El aire puro no tiene color. No puedes oler el aire puro. Algunas veces puedes sentir el aire cuando se mueve. El aire en movimiento se llama viento. El viento tiene la energía que puede hacer moverse las cosas. Esta energía puede echar a andar los molinos de aire y los barcos de vela. ¿En qué otra forma puedes usar el viento?

Un molino de viento

Un velero en el agua

El aire está hecho de muchos gases diferentes. Un gas llamado nitrógeno forma la mayor parte del aire. El oxígeno es otro gas importante en el aire. La mayoría de los seres vivientes necesitan oxígeno. También hay pequeñas cantidades de otros gases en el aire.

¿Sabías esto?

La gente y los animales usan el oxígeno del aire cuando respiran. Las cosas que se queman también consumen oxígeno. Hay que remplazar el oxígeno que se usa. Los seres vivientes morirían sin oxígeno.

Las plantas verdes hacen oxígeno al hacer su alimento. Este oxígeno es liberado en el aire. Sin plantas verdes, se usaría todo el oxígeno del aire.

Los árboles y otras plantas verdes son importantes. La destrucción de los bosques y campos puede amenazar nuestro suministro de oxígeno. ¿Cómo reduciría un gran incendio forestal la cantidad de oxígeno que hay en el aire?

Bosque pluvioso

Al aire alrededor de la Tierra se le llama **atmósfera.** La atmósfera no siempre está limpia. Los vientos soplan y echan tierra en el aire. Los volcanes echan polvo en el aire. Muchas fábricas echan humo en el aire. Los carros y las camionetas le agregan gases nocivos al aire.

Cualquier cosa que ensucie el aire causa la **contaminación.** La contaminación del aire daña muchos seres vivientes. La gente puede llegar a enfermarse por causa de la contaminación.

Hoy en día se han hecho muchas cosas para controlar la contaminación del aire. Tal vez puedas decir cuáles son algunas de ellas.

Volcán St. Helens

193

¿Cómo sabes que hay contaminación en el aire?

Materiales   3 paños blancos / filtros de un horno y de un carro / lupa / una hoja grande de papel.

Procedimiento

A. Usa los 3 paños para sacudir tu escritorio, un librero y el alfeizar de una ventana.

   1. ¿Cómo se ven los paños?

B. Examina los paños con la lupa. Busca las partículas de polvo.

   2. ¿Cómo son estas partículas?

   3. ¿De dónde vinieron estas partículas?

C. Coloca los filtros en la hoja grande de papel. Observa los filtros con la lupa. Busca las partículas de polvo.

   4. ¿Cómo son las partículas?

   5. ¿A dónde hubieran ido estas partículas si el filtro no las hubiera atrapado?

   6. ¿De dónde vinieron?

   7. ¿Crees que un carro correría mejor con aire puro o con aire contaminado?

Conclusión

¿Encontraste señas de aire contaminado? Explícalo.

La ciencia en la práctica

¿Podrías pensar en algo que pudiera hacer la gente para conservar el aire limpio?

EL ABASTECIMIENTO DE AGUA DE LA TIERRA
¿Dónde hay agua en la Tierra?

La mayor parte de la Tierra está cubierta por agua. El agua se encuentra en los océanos, los ríos, los lagos y los charcos. Probablemente haya agua dentro del terreno. En algunos lugares, el agua se encuentra en grandes pedazos de hielo. Dondequiera que se encuentre, el agua es un recurso natural muy importante.

Un témpano grande

La presa Shasta y su embalse

Riego o irrigación de los cultivos

El agua que usa la gente viene de muchos lugares diferentes. Cuando hay mucha gente, el agua puede venir de un depósito. Un **depósito** o embalse es un lugar donde se almacena el agua.

El agua se necesita para los cultivos. La mayoría de los cultivos reciben suficiente agua de las lluvias. Pero en algunos lugares no llueve lo suficiente para que crezcan estas cosechas. Los agricultores tienen que regar los sembradíos. Se llama **regadío** o irrigación a darle agua a las cosechas cuando no hay lluvia suficiente.

Los seres vivientes siempre necesitan agua.
Pero algunas veces el agua se contamina.
Esto sucede cuando los desperdicios de las
fábricas y de las casas se mezclan con el
agua. El agua contaminada puede dañar los
seres vivientes.

Limpieza de un derrame de petróleo

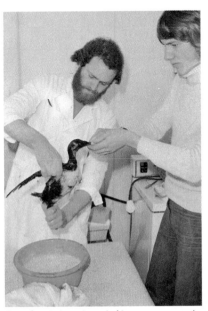

Quitándole el petróleo a un pato.

A descubrir

¿Cómo se limpia el agua? El agua que viene de
un depósito o embalse se tiene que limpiar antes
de que se pueda usar. Una forma de limpiar el
agua es filtrarla.

Haz un filtro usando un vaso grande de papel y
arena limpia. Utiliza un alfiler para hacer agujeros
en el fondo del vaso. Llena el vaso de arena a la
mitad. Detén el vaso de papel arriba de uno de
vidrio para recolectar el agua que se va filtrando.
Muy despacio, pon el agua sucia en el vaso de
papel. Mira cómo el agua se va filtrando cuando
pasa por el fondo del vaso de papel. ¿Qué le pasó
al agua sucia conforme se filtró?

LA ENERGÍA DE LA TIERRA
¿Que clases de energía vienen de la corteza de la Tierra?

Cocina de gas

Todos los días necesitas la energía para hacer muchas cosas. Necesitas energía para trabajar y para jugar. La energía viene de los alimentos que comes. Tu cuerpo usa el alimento como combustible. El combustible es un material que se usa para suministrar energía.

La gente necesita muchas otras clases de energía. La energía se necesita para calentar las casas y para cocinar los alimentos. La energía se necesita para hacer caminar los camiones y las máquinas.

Poniéndole gasolina a un camión

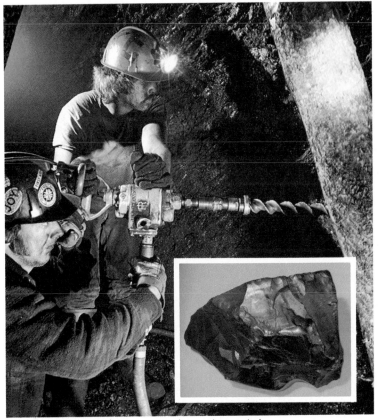

La mina de carbón y un pedazo de carbón

Torre de perforación
bomba de petróleo

Muchos combustibles están enterrados en la corteza de la Tierra. El carbón, el petróleo y el gas son combustibles importantes que vienen de la corteza de la Tierra. Producen energía cuando se queman. El carbón se extrae de minas. El petróleo y el gas son bombeados a la superficie de la Tierra.

El carbón, el petróleo y el gas se llevaron millones de años para formarse. Estos combustibles se formaron de los restos de las plantas y de los animales que vivieron hace mucho tiempo. Los combustibles son recursos naturales muy importantes.

199

OTROS RECURSOS
¿Por qué son útiles algunas piedras?

Tal vez creas que las piedras no son importantes. Pero algunas sí lo son. Los metales como el hierro, el cobre, el oro y la plata están en las piedras. Las piedras que contienen metales se llaman **minerales** o minas. Las minas como ésta se excavan para extraer mineral de la corteza de la Tierra.

La mayoría de los metales que usa la gente vienen de minerales. Las monedas, la mayoría de la herramientas y la maquinaria también están hecha de metal.

Una mina de cobre y mineral de cobre.

Algunas piedras son útiles porque son fuertes y muy bonitas. Una de estas piedras es el mármol. El mármol se ha usado en muchos edificios.

La biblioteca de Lyndon B. Johnson

Cantera de mármol

Algunas veces se encuentran minerales muy hermosos en las piedras. Estos minerales se llaman **gemas.** La mayoría de las gemas se usan para hacer joyas. El diamante es una clase de gema.

CONCEPTOS PARA RECORDAR

▶ Los recursos naturales son materiales útiles que vienen de la tierra.

▶ Los seres vivientes necesitan tierra, aire y agua para vivir.

▶ El carbón, el petróleo y el gas se usan para obtener energía.

▶ La tierra, el aire, el agua, los combustibles, los metales y las gemas son recursos naturales.

diamante

Repaso del capítulo

TÉRMINOS CIENTÍFICOS

A. Copia las oraciones de abajo. Usa los términos científicos de este capítulo para completar las oraciones.

1. Los materialses útiles que vienen de la Tierra se llaman ____.

2. Las plantas crecen bien en la tierra vegetal que tiene mucha ____.

3. El aire alrededor de la Tierra se llama ____.

4. Un gas llamado ____compone la mayor parte del aire.

5. La gente y los animales necesitan un gas llamado ____.

6. Algunas veces el agua que usa la gente se guarda en los ____.

7. Cualquier cosa que ensucie el aire o el agua se llama ____.

8. El agua que reciben las cosechas cuando no hay suficiente lluvia se llama ____ o ____.

B. Busca las letras que le faltan a cada término. Escribe una oración usando cada término.

1. g __ __ as   2. c __ __ b __ st __ __ le

3. __ __ n __ ra __ es   4. m __ nt __ ll __

COMPRENSIÓN DE LAS IDEAS

A. Una *causa* hace que sucedan las cosas. Un efecto es lo que sucede. Para cada par de oraciones, di cuál es la causa y cuál es el efecto.

    1. a. El aire de la atmósfera no está siempre limpio.

      b. Los carros y los camiones añaden gases dañinos al aire.

    2. a. El viento tiene energía que hace que las cosas se muevan.

      b. Los veleros se mueven río abajo.

    3. a. Algunas piedras se usan en los edificos.

      b. Algunas piedras son fuertes y muy bonitas.

    4. a. La Tierra tiene muchos recursos naturales.

      b. Las plantas y los animales pueden vivir en la Tierra.

B. Escribe oraciones que expliquen cómo usa la gente cada uno de estos recursos naturales.

    1. tierra vegetal   **2.** agua   **3.** metal   **4.** petróleo

               5. aire   **6.** gas

LAS IDEAS EN LA PRÁCTICA

1. Mira revistas y periódicos atrasados. Recorta algunas fotografías que muestren cómo se usan los recursos naturales. Pon las fotos en grupos según cada clase de recurso natural. Haz un cartelón para mostrar tus fotografías.

Capítulo 11

El tiempo a tu alrededor

El tiempo a tu alrededor cambia día a día. Al despertarte puedes ver los rayos del Sol que entran por tu ventana. Al volver de la escuela quizá esté lloviendo.

El tiempo cambia en muchas formas. Puede cambiar de calor a frío. Después de estar calmado, puede empezar a hacer viento. ¿Cómo va a cambiar el tiempo en la fotografía?

En este capítulo vas a aprender acerca del tiempo y sus cambios. Vas a aprender también las causas de que cambie el tiempo.

LA TIERRA SE CALIENTA
¿Cómo se calienta la tierra?

En la fotografía puedes ver cómo se está derritiendo la estatua aunque el tiempo está frío. La estatua se está derritiendo porque hace Sol. ¿Has estado alguna vez en el Sol y sentido su calor? ¿Cómo se siente cuando sales del Sol y entras a la sombra?

Estatua de hielo

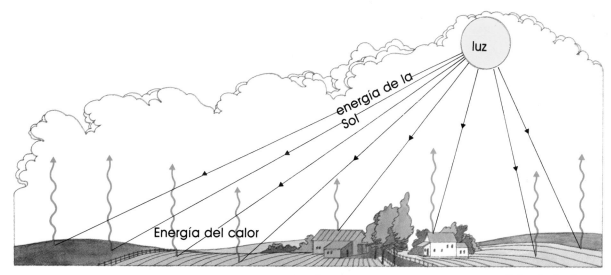

luz

energía de la Sol

Energía del calor

superficie de la Tierra

Sabes que el Sol da la energía de la luz. Alguna de esta energía de la luz atraviesa el espacio y llega a la Tierra. Cuando la energía de la luz da con la Tierra, parte de ella se convierte en energía de calor. El dibujo te facilitará comprender cómo sucede esto. ¿Has caminado descalzo por la playa en un día de Sol? Si lo has hecho, sabes lo caliente que se pone la arena. ¿Cómo se calentó la arena?

La Tierra es como un enorme calentador. El calor que da la superficie de la Tierra calienta el aire sobre la Tierra. La temperatura del aire cambia según la cantidad de luz del Sol que llegue a la Tierra. Entre más luz llegue a la Tierra, más se calienta el aire. ¿Por qué está fresco el aire en un día nublado? ¿Por qué refresca por la noche?

corriendo por la arena caliente

207

LAS ESTACIONES

¿Por qué cambia la temperatura según las estaciones?

La temperatura cambia con las estaciones en muchas partes de la Tierra. Estos cambios son el resultado de la forma en que da la luz en la superficie de la Tierra. La luz del Sol da en la Tierra en forma diferente en verano y en invierno. Mira el dibujo. Durante el invierno, la luz no da directamente de arriba a abajo como en el verano. En el invierno la luz da de lado. Cuando la luz da inclinada de lado, se esparce. En el verano la luz da directa, no se esparce. Esto hace que la Tierra se caliente más.

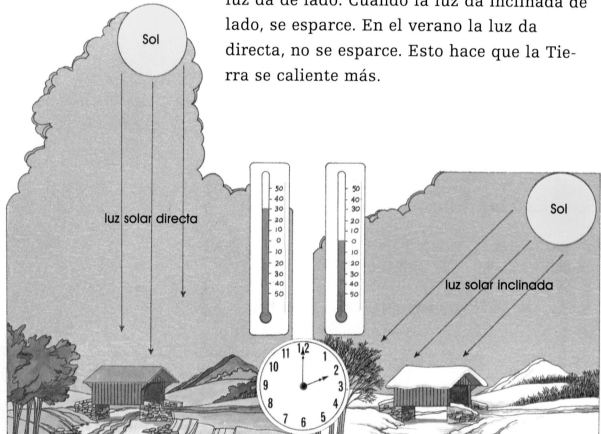

Sol

luz solar directa

Sol

luz solar inclinada

VERANO

INVIERNO

Los cambios en las estaciones son causados por la inclinación de la Tierra al girar alrededor del Sol. En el verano, la parte de la Tierra donde tú vives está inclinada hacia el Sol. La luz del Sol da directamente en la superficie de la Tierra. En el invierno, donde tú estás está inclinada contra el Sol. ¿Cómo da la luz del Sol en el invierno?

¿Has notado que los días son más largos en el verano? En el invierno quizás te levantes cuando aún está oscuro. En el verano, quizá te despierten los rayos del Sol. Hay más horas de luz en el verano que en el invierno. Más horas de luz hacen también que la Tierra se ponga más caliente en el verano.

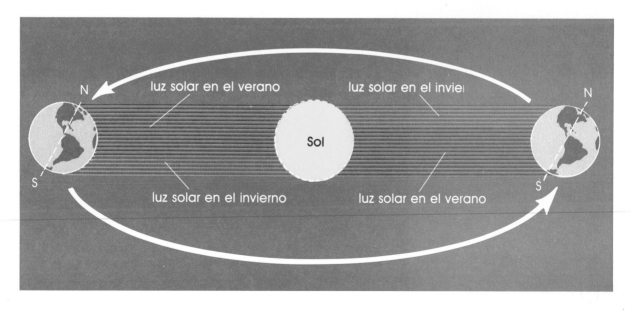

¿Cómo afecta la luz sesgada al calor?

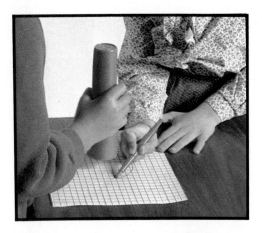

Materiales   linterna de mano / lápiz / papel gráfico

Procedimiento

A. Pon la linterna de mano a unos dos centímetros directamente sobre una hoja de papel gráfico. Dibuja una línea alrededor del círculo de la luz.

  1. ¿Cuántos cuadritos puedes contar adentro del círculo?

B. Pon la linterna de mano a unos dos centímetros, sesgadamente sobre el papel. Dibuja una línea con el lápiz alrededor del círculo de luz.

  2. ¿Cuántos cuadritos puedes contar adentro del círculo?

  3. ¿Cuál es la diferencia en el número de cuadritos que contaste entre los pasos **A** y **B**?

Conclusión

1. ¿Cambió la cantidad de luz del paso **A** al paso **B**?

2. ¿Cambió la cantidad de espacio iluminado del paso **A** al paso **B**?

3. ¿Recibió cada cuadrito en el paso **A** más o menos luz que cada cuadrito en el paso **B**?

La ciencia en la práctica

¿A qué horas del día calienta menos el Sol la superficie de la Tierra? ¿Por qué?

LAS SUPERFICIES SE CALIENTAN DISTINTO
¿Qué parte de la Tierra absorbe más luz solar?

Parte de la energía del Sol se convierte en calor cuando da con la superficie de la Tierra. Pero la superficie de la Tierra no es igual en todas partes. Tres cuartas partes de la Tierra son agua. El resto es tierra. La Tierra convierte la luz solar en calor más rápido que el agua. Por lo tanto, durante el día, el aire sobre el agua es más fresco que el aire sobre la tierra.

Las superficies claras no absorben la luz tan bien como las superficies oscuras. Cuando la luz del Sol da en una superficie clara, la mayor parte de la luz rebota. Esta luz no se convierte en calor. Los carros en la fotografía están al Sol. Si pudieras tocarlos, ¿cuáles estarían más calientes?

Tierra y agua

Coches de color oscuro y claro

211

campos cultivados

Muchas regiones polares están cubiertas de nieve. ¿Por qué está frío el aire en estas regiones? Puesto que las superficies oscuras absorben más luz, estas superficies dan más calor que las superficies claras. El aire sobre las superficies oscuras también es más caliente. ¿Cuáles campos en la fotografía reflejan más calor en un día de Sol? ¿Por qué?

Las diferencias en la temperatura causan cambios en el movimiento del aire. El aire cálido es más liviano que el aire frío. El aire caliente se eleva cuando llega aire frío más pesado y lo empuja hacia arriba. En el dibujo puedes ver esto claramente. El aire en movimiento se llama **viento.** El viento causa muchos cambios en el tiempo.

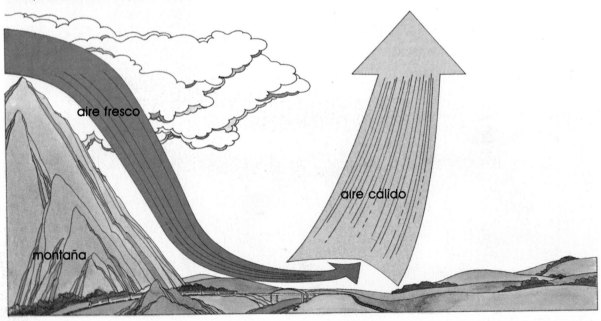
aire fresco

aire cálido

montaña

EL AGUA EN EL AIRE
¿Cómo se convierte el agua en gas?

La energía solar hace más que calentar la Tierra. La energía solar también cambia el agua de los lagos, los ríos y los mares. El agua se convierte en gas mediante la evaporación. El agua en forma de gas se llama vapor de agua. Las partículas del vapor de agua son muy pequeñas. Son tan pequeñas que no las puedes ver en el aire.

Algunas veces el agua se evapora más rápido que otras veces. ¿Qué les pasa a los charcos de agua cuando brilla el Sol? ¿Se seca más rápido la ropa tendida cuando hay viento? El viento y el calor apresuran la evaporación del agua.

Se seca la ropa

Un charco de agua

213

El vapor de agua que está en el aire puede convertirse otra vez en agua líquida. ¿Has visto el agua sobre el zacate por la mañana? Esta agua se llama **rocío.** El rocío se forma cuando el aire y el zacate se enfrían. El vapor de agua en el aire vuelve a convertirse en líquido cuando toca el zacate fresco.

Algunas veces la temperatura cae bajo el punto de congelación. Cuando el aire es más frío que 0°C, empiezan a formarse cristales de hielo en el zacate. Al hielo que se forma de esta manera se la llama **escarcha.** ¿Dónde más has visto la escarcha?

Escarcha

Rocío

A descubrir

¿Hay vapor de agua en el aire a tu alrededor? Llena una lata de agua con hielo. Llena otra de agua caliente. Asegúrate de que las dos latas estén llenas al mismo nivel. Espera un cuarto de hora. Pasa el dedo por fuera de cada lata. ¿Qué has notado? ¿De dónde viene el agua?

LAS NUBES
¿Qué le pasa al agua en las nubes?

El aire cálido y húmedo se enfría a medida que se eleva. Conforme se enfría el aire, las partículas se van juntando más. Cuando esto ocurre, el vapor de agua se escurre de los espacios entre las partículas de aire. Esto hace que el vapor de agua forme pequeñas gotitas de agua sobre partículas de polvo. Cuando se juntan millones de estas gotitas, forman una **nube.**

Hay muchas clases de nubes. Unas se forman muy alto en el cielo. Otras se forman más abajo. En el dibujo puede ver tres clases de nubes y dónde se forman.

nubes altas plumosas

nubes medianas esponjosas

nubes bajas en capas

Niebla

Algunas nubes son muy espesas y forman capas o estratos. Para que se formen estas nubes debe haber gran cantidad de vapor de agua en el aire. Muy alto sobre la tierra se forman otras nubes, donde no hay mucho vapor de agua en el aire. En donde se forman estas nubes, la temperatura está por debajo del punto de congelación. Estas nubes son finas y están hechas de cristales de hielo.

¿Has caminado dentro de una nube? Si has caminado en la niebla, has caminado en una nube. La niebla o neblina es una nube cerca de la tierra.

Algunas veces las nubes se reúnen en densas capas. El viento empuja las nubes hacia el aire más fresco. El dibujo muestra lo que pasa dentro de la nube cuando ésta se encuentra con aire fresco. (1) Pequeñas gotitas de agua en la nube se van juntando. (2) Al juntarse estas gotitas forman otras más grandes y más pesadas. (3) Estas gotas se hacen tan pesadas que ya no pueden flotar en el aire. Cuando esto ocurre, caen a la tierra como lluvia.

Algunas veces la temperatura del aire debajo de la nube está muy fría. Al caer, la lluvia se congela. La lluvia congelada se llama **granizo.**

Durante el invierno, la temperatura en las nubes puede caer bajo el punto de congelación. El vapor de agua en las nubes se congela formando pequeñitos cristales de hielo. Los cristales de hielo topan y se juntan, forman **copos de nieve.** Con el tiempo, los copos de nieve también caen de las nubes a la tierra. Los copos de nieve tienen muchas formas diferentes. La nieve, la lluvia y el granizo forman lo que se llama la **precipitación.**

Copos de nieve

Piedras de granizo

¿Sabías esto?

Algunas veces caen bolas de hielo de las nubes, son piedras de granizo. El granizo puede comenzar como gotas de lluvia. Al pasar a través de aire muy frío en las nubes, las gotas de lluvia se congelan. En las nubes de una tormenta, los vientos fuertes empujan las gotas de lluvia congeladas hacia arriba y hacia abajo. Poco a poco, al formárseles más capas de hielo, las bolas están tan pesadas que caen a tierra. Algunas piedras de granizo son del tamaño de un chícharo. Otras son más grandes que una pelota de béisbol.

EL CICLO DEL AGUA
¿Cuáles son las etapas del ciclo del agua?

¿Sabes que el agua siempre está en movimiento a tu alrededor? Se está evaporando de los ríos, de los arroyos y de los mares. Esta agua forma nubes al elevarse y enfriarse. Cuando las nubes se enfrían, se unen pequeñísimas gotas de agua que caen a tierra.

Cuando el agua cae como lluvia o nieve a tierra, ocurre una de tres cosas. (1) La mayor parte de la lluvia o la nieve se embebe en la tierra. (2) Otra parte se evapora en el aire. (3) Y otra parte más corre hacia los ríos y los arroyos. Con el tiempo, el agua de los ríos y arroyos va a dar a los lagos y a los mares. El agua en los lagos y los mares se evapora otra vez en el aire. La mayor parte de la Tierra está cubierta por agua de mar. Por esta razón, la mayor parte del agua se evapora del mar.

El movimiento del agua de los mares al aire y de vuelta a los mares se llama el **ciclo del agua.** Un ciclo es algo que ocurre una y otra vez y sigue repitiéndose. Un ciclo siempre nos conduce al punto de partida. Las estaciones del año son otra clase de ciclo. Las estaciones se repiten año tras año. ¿Cuáles otros ciclos conoces?

Después de un aguacero

Mira el dibujo, ayuda a comprender el ciclo del agua. Al leer, mira los pasos numerados del ciclo.

(1) La energía solar convierte el agua en vapor. (2) El vapor del agua se eleva, se enfría y se condensa para formar nubes. (3) El viento empuja las nubes sobre la tierra. (4) Las nubes chocan con aire frío y cae lluvia o nieve a tierra. (5) La mayor parte del agua que cae en la tierra vuelve a los mares. El agua que vuelve a los mares inicia de nuevo el ciclo.

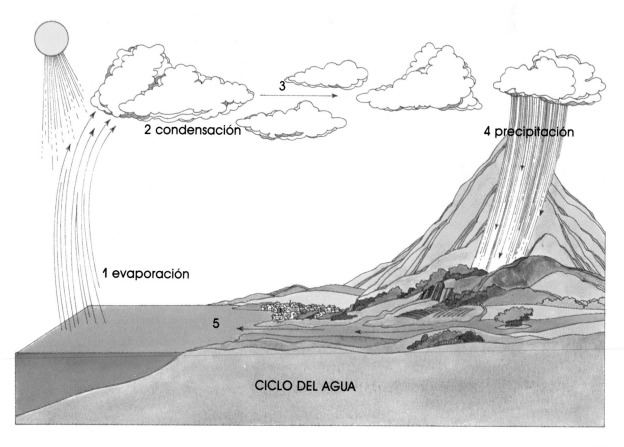

CICLO DEL AGUA

¿Puedes hacer un ciclo de agua?

Materiales   frasco grande / envoltura de plástico / liga / agua

Procedimiento

A. Llena el frasco de agua a la mitad.

B. Cubre el frasco con el plástico asegurándolo con la liga.

C. Pon el frasco en una ventana donde dé Sol. Déjalo allí unas horas.
   1. ¿Qué crees que ocurrirá dentro del frasco?

D. Observa qué ha ocurrido dentro del frasco.
   2. ¿Qué ves en el interior del plástico
   3. ¿De dónde vino?
   4. ¿Por qué pusiste el frasco donde daba Sol?

Conclusión

1. ¿En qué forma lo que ocurrió dentro del frasco es igual que el ciclo del agua?

2. ¿Dónde ocurrió la evaporación?

3. ¿Dónde ocurrió la condensación?

La ciencia en la práctica
¿Cómo podrías apresurar el ciclo en el frasco?

CONCEPTOS PARA RECORDAR

▶ La energía del Sol o solar calienta la Tierra.

▶ Las estaciones son causadas por la forma diferente en que los rayos del Sol dan en la Tierra.

▶ La tierra y las superficies oscuras absorben más luz del Sol que el agua y las superficies claras.

▶ El agua de la superficie de la Tierra se evapora en el aire.

▶ Las nubes se forman cuando el vapor en el aire se convierte en pequeñísimas gotas de agua.

▶ La precipitación cae de las nubes en forma de lluvia, nieve o granizo.

▶ El agua en la tierra se mueve en un ciclo.

Repaso del capítulo

TÉRMINOS CIENTÍFICOS

A. Escribe la letra del término que mejor corresponda a la difinición. No se usarán todos los términos.

1. El movimiento del aire.
2. Cristales pequeños de hielo.
3. Algo que ocurre una y otra vez, repitiéndose.
4. Una nube cerca de la tierra.
5. Gotas de lluvia congeladas.
6. Un nombre para la lluvia, la nieve y el granizo o aguanieve.

a. precipitación
b. niebla o neblina
c. granizo o aguanieve
d. rocío
e. escarcha
f. viento

B. Desenmaraña cada grupo de letras para encontrar un término científico de este capítulo. Escribe una oración usando cada término.

1. sebun   2. pcoo ed venie   3. cloci edl uaga

COMPRENSIÓN DE LAS IDEAS

A. Las oraciones describen el ciclo del agua. Escribe los números de las oraciones conforme el orden correcto.

1. La energía solar convierte el agua en vapor.
2. La mayor parte del agua vuelve a los océanos.
3. El viento empuja las nubes sobre la tierra.
4. El vapor de agua se eleva y se condensa para formar nubes.
5. Las nubes chocan con aire frío y cae a tierra lluvia o nieve.

B. Selecciona uno de estos dibujos para contestar cada una de las dos preguntas abajo.

1. ¿Cuál dibujo muestra la estación del año cuando la parte de la tierra en que tú vives está inclinada hacia el Sol?
2. ¿Cuál dibujo muestra la estación del año cuando la luz solar da de lado o sesgada en la Tierra?

LAS IDEAS EN LA PRÁCTICA

1. Imagínate que eres un locutor a cargo de pronosticar el tiempo. Escribe un pronóstico del tiempo para hoy.

Capítulo 12

El Sol, la Luna y los planetas

La Tierra tiene muchos vecinos en el espacio. El Sol y la Luna son unos vecinos importantes de la Tierra. El Sol y la Luna afectan a la Tierra en muchas formas.

Ésta es una fotografía tomada desde la superficie de la Luna. En el espacio podemos ver la Tierra. Aquí puedes ver que sólo una parte de la Tierra está iluminada por el Sol. En la parte iluminada, es de día. En la parte oscura es de noche.

En este capítulo vas a aprender acerca del Sol y la Luna. También aprenderás sobre otros cuerpos en el espacio.

— MIREMOS LA LUNA Y EL SOL —
¿Cómo es en la Luna y en el Sol?

Mira las dos pelotas en la foto a la izquierda. Puedes ver que no son del mismo tamaño. Ahora, mira la otra foto. Las pelotas están en lugares diferentes. Las dos pelotas parecen ser del mismo tamaño. ¿Por qué?

Los cuerpos en el espacio parecen más pequeños de lo que son. A veces, algunos cuerpos pequeños en el espacio parecen más grandes que otros que son, en realidad, más grandes.

Por la noche, la Luna parece más grande que cualquiera de las estrellas. Pero la Luna es en realidad mucho más pequeña que ninguna de las estrellas. Entre más cerca de la Tierra esté un cuerpo espacial, más grande se ve. La Luna es el vecino más cercano de la Tierra en el espacio.

Pelotas de distintos tamaños

El Sol es muchas veces más grande que la Luna. Pero el Sol está mucho más lejos de la Tierra que la Luna. Los cuerpos grandes como el Sol se ven más pequeños porque están más lejos.

La Luna no da luz propia. La Luna brilla por la luz que refleja del Sol. El Sol es el origen de la luz para la Tierra y para la Luna.

En algunas maneras, la superficie de la Luna es como la superficie de la Tierra. Ambas tienen tierra y rocas. Como la Tierra, la Luna tiene lomas y montañas. Sin embargo, las montañas en la Luna son más escarpadas que las de la Tierra. A las montañas en la Luna no las ha desgastado ni el agua ni el viento. ¿Por qué?

Montaña en la Luna

Montaña en la Tierra

La exploración en la Luna

¿Sabías esto?

La Luna está a unos 400 000 kilómetros de la Tierra. Haz de cuenta que pudieras viajar a una velocidad de 1 000 kilómetros por hora, la de un avión de propulsión a chorro. Tardarías 17 días en llegar a la Luna. Los astronautas hicieron su viaje de ida a la Luna en 13 días. El Sol está mucho más lejos de la Tierra. Se tardaría 150 000 días en llegar al Sol.

Cuando miras la Luna, las montañas son las áreas de color claro. ¿Puedes encontrar estas áreas en la fotografía de abajo?

También hay áreas oscuras en la Luna. Búscalas en la fotografía. Estas áreas son muy lisas. En tiempos pasados la gente creía que estas áreas eran grandes cuerpos de agua. Por eso, las llamaban mares. Los científicos de hoy saben que no hay agua en la Luna. Las áreas oscuras de la Luna son grandes llanos rasos.

La superficie de la Luna tambén tiene muchos cráteres. Un **cráter** es un área hueca que parece el interior de una sopera. Muchos científicos creen que estos cráteres se formaron cuando unas rocas del espacio chocaron con la superficie de la Luna.

Áreas de la Luna

¿Puedes hacer cráteres? Para hacerlos necesitarás arena húmeda, varias piedras, una bandeja y una regla métrica. Pon arena hasta seis centímetros de profundidad en la bandeja. Alisa la superficie de la arena con la regla. Detén una piedra a unos 20 centímetros sobre la arena. Deja caer la piedra en la arena. Ahora haz lo mismo con otras piedras. Ten cuidado de no dejarlas caer en un mismo sitio en la arena. Con cuidado, quita las piedras de la arena. ¿Cómo se compara la superficie de la arena con la superficie de la Luna?

El Sol tiene la misma forma que la Tierra y que la Luna. Pero el Sol es una bola mucho más grande. La superficie del Sol es muy diferente de las superficies de la Tierra y de la Luna. El Sol está hecho de gases resplandecientes y ardientes. Estos gases ardientes son muy activos. A veces parecen explotar en la superficie del Sol. Estas explosiones forman gigantescos chorros de gas. Estos chorros de gas se llaman **deslumbres o explosiones solares.** Se lanzan lejísimo en el espacio.

el Sol

Mira la foto del Sol. Identifica el deslumbre solar. También puedes ver áreas claras y oscuras en la superfice del Sol. Estas áreas son claras y oscuras debido a diferencias en la temperatura. Las áreas claras son más calientes que las áreas oscuras.

LOS MOVIMIENTOS EN EL ESPACIO
¿Cómo se mueven la Tierra y la Luna?

¿Sabías que te estás moviéndo aun cuando estés quieto? Estás moviéndote porque la Tierra está moviéndose. La Tierra siempre está moviéndose alrededor del Sol. Un cuerpo en el espacio que gira alrededor de un cuerpo más grande se llama un **satélite.** La Tierra es un satélite del Sol. La Luna también es un satélite. La Luna gira alrededor de la Tierra.

Los satélites, como la Tierra y la Luna, siempre siguen una línea alrededor de un cuerpo grande. Esta línea se llama **órbita.** En el dibujo, puedes ver la órbita de la Tierra alrededor del Sol. También puedes ver la órbita de la Luna alrededor de la Tierra. ¿Cuál órbita es más larga?

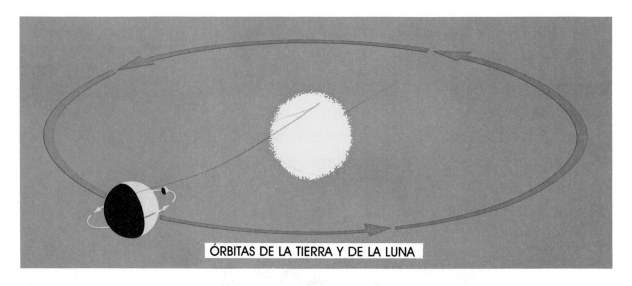

ÓRBITAS DE LA TIERRA Y DE LA LUNA

El movimiento de la Tierra y la Luna en sus órbitas se llama **revolución.** La Tierra se tarda un año en hacer una revolución alrededor del Sol. La Luna se tarda más o menos un mes para hacer una revolución alrededor de la Tierra.

La mayoría de los cuerpos en el espacio se mueven también en otra forma. Giran. El movimiento de girar es cómo el de un trompo. En la fotografía puedes ver cómo gira la Tierra. La bandera da vueltas una vez antes de volver a la misma posición. Esta vuelta completa se llama una rotación. La Tierra hace una rotación completa cada 24 horas. ¿Qué período de tiempo es 24 horas? La velocidad de rotación de los cuerpos en el espacio varía. La Luna sólo gira una vez al mes.

El trompo gira

El globo terráqueo gira

LAS FASES DE LA LUNA
¿Por qué la Luna siempre se ve diferente?

¿Has notado que la forma de la Luna parece cambiar? Una noche parece estar llena y redonda. Otra noche quizá no puedas ver más que una pequeña parte de la Luna. Estos cambios en la apariencia de la Luna se llaman **fases.**

La Luna recorre una órbita alrededor de la Tierra en más o menos un mes. Lo que puedas ver de la Luna depende de en qué punto de su órbita esté al girar alrededor de la Tierra. En la primera mitad de su órbita, podemos ver más de la Luna por la noche. En la segunda mitad de su órbita vemos menos. En el dibujo puedes ver las diferencias en las posiciones de la Luna. Cada paso numerado muestra una fase diferente de la Luna.

1. Luna nueva —El lado oscuro de la Luna está frente a la Tierra.

La Luna está en el cielo diurno. Durante la fase de la Luna nueva no podemos ver la Luna.

2. Cuarto creciente —La Luna ahora está a una cuarta parte de su órbita alrededor de la Tierra. La mitad iluminada puede verse desde la Tierra.

3. Luna llena —La Luna ahora está a la mitad de su órbita. ¿Cuánto de la mitad ilu-

Diferentes fases de la Luna

minada puedes ver? Después de esta fase
empieza a verse menos de la Luna cada
noche.

4. Cuarto menguante —La Luna ahora está
a tres cuartas partes de su órbita.

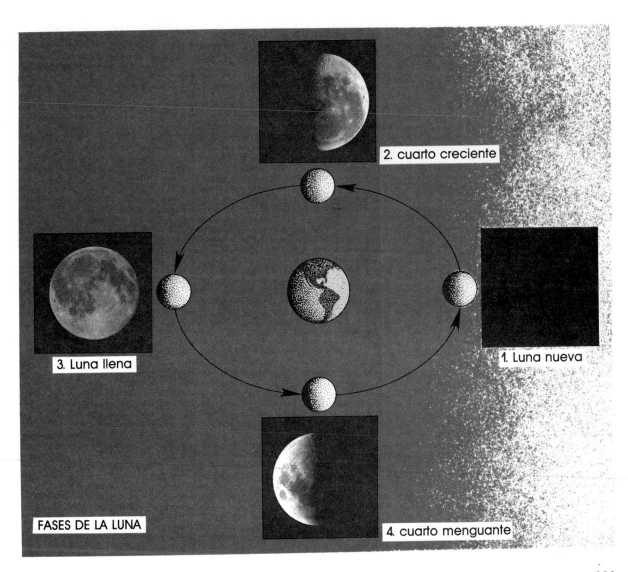

2. cuarto creciente

3. Luna llena

1. Luna nueva

4. cuarto menguante

FASES DE LA LUNA

Estos niños están jugando un juego de sombras. El objeto es ver quién puede hacer la sombra más extraña. Los objetos que obstruyen la luz forman sombras.

Haciendo sombras

La Luna y la Tierra son dos cuerpos grandes que obstruyen la luz del Sol. Al obstruir la luz del Sol, la Luna y la Tierra hacen sombras. Algunas veces la Tierra y la Luna cruzan sus sombras. Cuando un cuerpo cruza la sombra de otro, ocurre un **eclipse.**

Cuando la Tierra está entre el Sol y la Luna hay una Luna llena. Al girar la Luna alrededor de la Tierra, a veces entra en la sombra que da la Tierra en el espacio. En el dibujo puedes ver cómo cae la sombra de la Tierra en la Luna. Cuando esto ocurre, la Luna no recibe luz del Sol. La Luna parece desaparecer en la sombra. Esto se llama un **eclipse de Luna.**

Cuando la Luna está entre el Sol y la Tierra hay una luna nueva. Algunas veces la luna obstruye la luz del Sol en parte de la Tierra. En el dibujo puedes ver cómo cae la sombra de la Luna en la Tierra. Éste es un **eclipse de Sol.** Aquí puedes ver que la sombra de la Luna cae sólo en una parte pequeña de la Tierra. ¿Dónde debes estar para ver un eclipse de Sol?

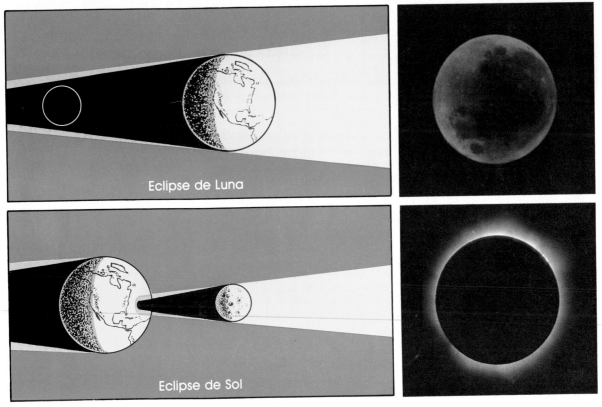

Eclipse de Luna

Eclipse de Sol

¿Cómo ocurren los eclipses?

Materiales   globo terráqueo / linterna de mano / pelota pequeña

Procedimiento

A. Trabaja con un compañero. Pon el globo terráqueo en una mesa. Ponte de pie a un metro del globo y toma la linterna en la mano.

B. Oscurece lo más posible el cuarto y prende la linterna, iluminando el globo.

   1. ¿Qué representa la linterna?

C. Pide a tu compañero que detenga la pelota entre el globo y la linterna. Hecho esto, podrás ver una sombra en el globo.

   2. ¿Qué representa la pelota?
   3. ¿Qué parte del globo está en la sombra?
   4. ¿Qué verías tú si estuvieras en la sombra?
   5. ¿Qué clase de eclipse representa esto?

D. Ahora, pon la pelota detrás del globo.

   6. ¿Recibe luz la pelota en esta posición?
   7. ¿Qué clase de eclipse representa esto?
   8. ¿Dónde tendrías que estar para ver esta clase de eclipse?

Conclusión

1. ¿Durante qué fase de la Luna ocurre un eclipse de Sol?

2. ¿Durante qué fase de la Luna ocurre un eclipse de Luna?

3. ¿Cómo se parecen el eclipse de Sol y el eclipse de Luna?

4. ¿En qué se diferencia el eclipse de Sol del eclipse de Luna?

LOS PLANETAS
¿Qué son los planetas?

La Tierra no es el único cuerpo que gira alrededor del Sol. También lo hacen otros cuerpos en el espacio. Estos cuerpos se llaman **planetas.** Hay nueve planetas. La Tierra, los otros planetas y el Sol son todos parte de un gran sistema. Este sistema se llama el **sistema solar.**

En el dibujo puedes ver el Sol y los planetas. Cada planeta tiene su propia órbita alrededor del Sol. ¿Qué planeta está más cerca del Sol?

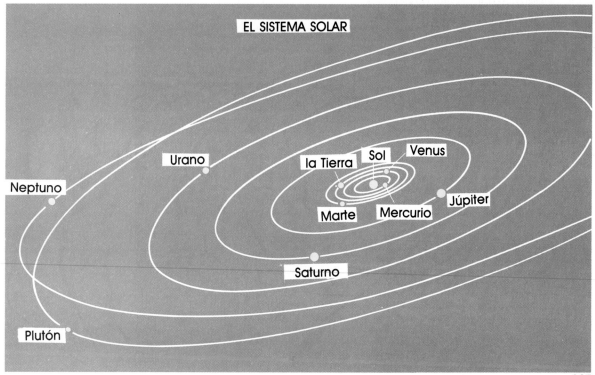

EL SISTEMA SOLAR

Urano · Neptuno · la Tierra · Sol · Venus · Júpiter · Marte · Mercurio · Saturno · Plutón

¿Cómo se mueven los planetas?

Materiales   papel / crayolas / perforador / hilaza

Procedimiento

A. Los estudiantes en tu clase actuarán como parte del sistema solar. Cada uno representará uno de los nueve planetas, la Luna y el Sol.

B. Usa una crayola para escribir el nombre de tu parte en este modelo. Escribe el nombre en letras grandes en un pedazo de papel.

C. Usa el perforador para hacer dos hoyos en el papel. Pon un pedazo de hilaza entre los hoyos. Amarra la hilaza para hacer una onda. Cuelga el papel alrededor de tu cuello.

D. Tu maestro te dirá dónde te debes parar y cómo te debes mover.

E. Los planetas deben caminar alrededor del Sol a la misma velocidad. la Luna camina alrededor de la Tierra conforme ésta se mueve. Todos dejarán de caminar cuando la Tierra llegue al lugar donde empezó. La tierra se tarda un año para hacer una revolución alrededor del Sol.

Conclusión

1. El tiempo que se toma un planeta para dar una revolución al Sol es un año. El año de cada planeta es diferente. ¿Qué planeta tiene el año más corto? ¿Qué planeta tiene el año más largo?

2. ¿Qué planeta no dió una órbita completa alrededor del Sol durante el año de la Tierra?

3. ¿Qué planeta completó más de un año terrestre en su órbita alrededor del Sol?

¿Qué planeta está más lejos del Sol? Mercurio y Venus están más cerca del Sol que lo que está la Tierra. Estos planetas son mucho más calientes que la Tierra. Marte, Júpiter, Saturno, Urano, Neptuno y Plutón están más lejos del Sol que lo que está la Tierra. Entre más lejos esté un planeta del Sol, más frío será. ¿Cuál planeta es el más frío?

Saturno

CONCEPTOS PARA RECORDAR

▶ La superficies de la Tierra, de la Luna, y del Sol son diferentes entre sí.

▶ La Tierra y la Luna dan revoluciones y rotaciones.

▶ Los cambios en la apariencia de la Luna se llaman fases.

▶ Un eclipse ocurre cuando la Tierra o la Luna cruzan sus sombras.

▶ El Sol y los planetas forman el sistema solar.

Repaso del capítulo

TÉRMINOS CIENTÍFICOS

A. Copia las oraciones de abajo. Usa los términos científicos de este capítulo para completar las oraciones.

1. Un cuerpo en el espacio que se mueve alrededor de un cuerpo más grande se llama un ____.
2. La órbita que recorre la Tierra alrededor del Sol es una ____.
3. La revolución de la Luna alrededor de la Tierra es una ____.
4. El girar de la Tierra (como trompo) se llama ____.
5. Cuando la Tierra o la Luna cruzan la sombra una de la otra, ocurre un ____.
6. El Sol y los planetas forman el ____.

B. Escribe la letra del término que mejor corresponda a la definición. No se usarán todos los términos.

1. Áreas huecas en la superficie de la Luna.
2. Gigantescos chorros de gas del Sol.
3. Los cambios en la apariencia de la Luna.
4. Cuerpos que recorren órbitas alrededor del Sol.
5. La vía que traza un satélite.

a. fases
b. órbita
c. deslumbres o explosiones solares
d. cráter
e. eclipse
f. planetas

COMPRENSIÓN DE LAS IDEAS

A. Escribe una *V* si lo que dice la oración es verdad y una *F* si es falso.

1. La Tierra es un satélite de la Luna.
2. La áreas oscuras de la Luna son llanos.
3. La Tierra y la Luna dan revoluciones y rotaciones.
4. La Tierra hace una revolución cada 24 horas.
5. La Luna es más pequeña que ninguna de las estrellas.
6. La Luna refleja la luz del Sol.

B. Nombra los cuerpos en el sistema solar que están numerados abajo.

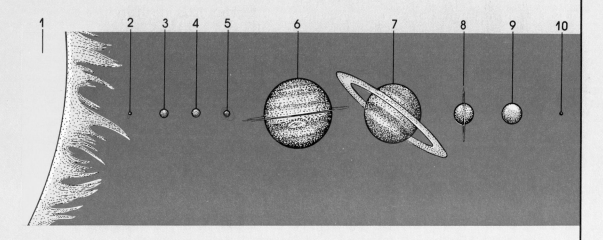

C. Explica la diferencia entre un eclipse de Luna y un eclipse del Sol.

LAS IDEAS EN LA PRÁCTICA

1. Explica cómo la rotación de la Tierra cada 24 horas te afecta a ti.

Las profesiones en las ciencias

Todos usan y necesitan materiales que vienen de la Tierra. Los *granjeros* y los *rancheros* usan la tierra vegetal para sembrar.

sismólogo

experto en suelos

Los *expertos en suelos* la estudian para encontrar cómo poder mejorarla.

Los *geólogos* estudian la corteza de la Tierra. Buscan el petróleo, los minerales y otros recursos naturales.

Los *químicos* buscan la forma de usar los materiales de la corteza.

Los *sismólogos* estudian los terremotos. Tratan de averiguar cómo es la Tierra por dentro.

Los *astrónomos* y los *astronautas* son científicos del espacio. Exploran el espacio usando telescopios o naves espaciales. Estudian el Sol, la Luna y otros cuerpos en el espacio.

astronauta

La gente en las ciencias

Hugo Benioff (1899–   ) Hugo Benioff es un científico que estudió las ondas de choque producidas por los terremotos. Diseñó y fabricó los instrumentos para medir las ondas de choque. Este instrumento se llama sismógrafo. Los terremotos ocurren a lo largo de rajaduras o fallas en la corteza terrestre. Benioff mostró que las ondas de choque causadas por un terremoto están relacionadas con el tamaño de la rajadura.

La falla de San Andrés en California.

Desarrollo de destrezas

DESTREZA DE PALABRAS

Una palabra compuesta está hecha de dos o más palabras. Cada palabra tiene su propio significado. Cuando se unen, las palabras nuevas compuestas tendrán otro significado.

En la mayoría de los casos, se cambia un poco la forma en que se escriben las palabras simples para poder formar la palabra compuesta. Haz palabras compuestas mezclando palabras del grupo **A** con palabras del grupo **B**. Usa cada palabra compuesta en una oración.

A	
aéreo para tierra astro cortar	

B	
movimiento nauta agua viento plano	

LECTURA DE UNA TABLA

La tabla en la página que sigue es una lista de los planetas. También muestra el tiempo que tarda cada planeta para recorrer su órbita alrededor del Sol, y el número de satélites que tiene cada planeta.

Usa la tabla para contestar estas preguntas.

1. ¿Cuánto tiempo tarda la Tierra para recorrer una órbita?
2. ¿Qué planeta tiene la órbita más corta?
3. Suponte que hoy sales para Saturno. ¿Qué edad tendrías después de completar una órbita?
4. ¿Qué planeta tiene tantos satélites como la Tierra?
5. ¿Cuántos satélites más tiene Júpiter que Neptuno?

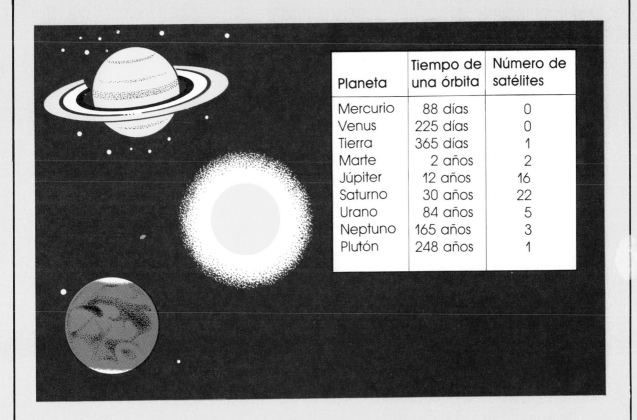

Planeta	Tiempo de una órbita	Número de satélites
Mercurio	88 días	0
Venus	225 días	0
Tierra	365 días	1
Marte	2 años	2
Júpiter	12 años	16
Saturno	30 años	22
Urano	84 años	5
Neptuno	165 años	3
Plutón	248 años	1

HAGAMOS UNA TABLA

La temperatura del aire de afuera cambia de un día a otro. Hay muchas formas en que puedes averiguar la temperatura del aire. Puedes ver un termómetro. Puedes oír el pronóstico del tiempo en el radio o la televisión.

Haz una tabla que muestre la temperatura de una semana. Ten cuidado de tomar la temperatura a la misma hora cada día. Haz una columna para mostrar si hubo Sol, estuvo nublado o lluvioso.

Revisa la información de tu tabla. ¿Subió o bajó la temperatura cada día?

Observemos La salud

La buena salud es importante toda tu vida. Pero la buena salud no ocurre de por sí. Hay muchas cosas que puedes hacer para mantenerte en buena salud. Mira estas fotos. ¿Qué están haciendo estas personas para permanecer saludables? ¿Qué otras cosas puedes hacer tú para permanecer saludable?

En esta unidad aprenderás las cosas que puedes hacer para mantenerte en buena salud. Si aprendes a hacerlas verás que disfrutarás de una vida mejor.

Capítulo 13

Buenos hábitos de salud

Puedes hacer muchas cosas para mantenerte saludable. Cuando tu cuerpo es saludable, funciona bien. Te sientes bien. Si sabes lo que tienes que hacer para mantener tu cuerpo saludable, no te enfermarás. Estas cosas que aprendas ahora acerca de mantener tu cuerpo saludable serán importantes toda tu vida.

En este capítulo aprenderás acerca de cómo mantener tu cuerpo limpio. Aprenderás que el hacer ejercicio y el descanso son importantes para tu salud. También aprenderás acerca de la seguridad cuando andes en bicicleta. Las cosas que aprendas en este capítulo se harán parte de tus buenos hábitos de salud.

CONSÉRVATE LIMPIO
¿Cuáles son algunas maneras de mantener tu cuerpo limpio?

¿Haces ciertas cosas todos los días sin pensar en ellas? Las cosas que hacemos sin pensarlas se llaman **hábitos** o costumbres. La gente tiene buenas costumbres y malas costumbres. Para estar saludable, se deben practicar buenos hábitos de salud.

Una buena costumbre de salud es mantener tu persona limpia. El aseo te mantiene libre de microbios. Los **microbios** son seres vivientes dañinos que pueden hacer que la gente se enferme. Los microbios son muy pequeños y no los puedes ver.

Una forma de mantenerte aseado es lavarte las manos con agua y jabón antes de comer. Lavarte las manos con agua y jabón te ayuda

a evitar que los microbios lleguen a lo que vayas a comer. ¿Siempre te lavas las manos antes de comer?

Bañarte es otra forma de mantenerte limpio. ¿Te bañas todos los días? Después del baño, uno se siente limpio y huele a limpio.

Otra forma de mantenerte limpio es lavarte el pelo. Algunas personas se lavan el pelo todos los días. Otras se lavan el pelo solamente una vez a la semana. Debes de lavarte el pelo con champú.

Después de que te laves el pelo, debes secártelo y cepillártelo. Cepillarte el pelo hace que se mantenga suave y brilloso. Cepillarte el pelo entre cada lavada también ayuda a mantener el pelo saludable.

¿Sabías esto?

¿Sabes que te bañas y te lavas el pelo para eliminar los microbios? ¿Cómo podrías mantener los microbios fuera de tus ojos? Puedes lavarte alrededor de los ojos con agua y jabón, pero los ojos se lavan con las lágrimas. Cada vez que parpadeas, una lágrima se extiende a través de tu ojo. Cuando se mete una basurita en un ojo, te lavan los ojos. También te ayudan a mantener los microbios fuera de tus ojos. Tu cuerpo mantiene tus ojos limpios con las lágrimas que produce.

¿Por qué el jabón descompone el aceite?

Material un frasco u otro envase pequeño / un gotero de medicinas / aceite de cocina / jabón líquido / cuchara

Procedimiento

A. Llena un frasco casi hasta arriba con agua fría. Usando el gotero, añade tres gotas de aceite. Menea cuidadosamente el frasco.
   1. ¿Cómo se ve el aceite?
   2. ¿Qué pasó con el aceite?

B. Añade tres gotas de jabón al agua con el aceite. Menéalo con una cuchara.
   3. ¿Qué pasó con el aceite?

C. Vacía el agua del frasco. Después, llénalo casi hasta arriba con agua tibia. Añade tres gotas de aceite al agua tibia.
   4. ¿El aceite en agua tibia se ve diferente que en agua fría?

D. Añade tres gotas de jabón al agua tibia con el aceite. Menéalo con una cuchara.
   5. ¿Qué pasó con el aceite?

Conclusión

1. ¿Qué pasa con el aceite cuando se mezcla con el agua?

2. ¿En que forma descompone el jabón al aceite?

La ciencia en la práctica

1. El champú es un jabón que se usa para lavar el pelo. ¿Qué le pasa al aceite en el agua cuando se añade champú al agua?

2. ¿Para qué usarías el champú al lavarte el pelo?

- EL CUIDADO DE LOS DIENTES -
¿Cómo puedes cuidar bien tus dientes?

Tus dientes son algo muy importante para ti. Aprender a cuidar tus dientes ahora te ayudará a prevenir problemas cuando seas más grande. Es mucho mejor que te cepilles los dientes después de cada comida y antes de acostarte.

Es muy importante que te cepilles los dientes bien. Tienes que usar siempre un buen cepillo de dientes. Muchos dentistas dicen que debes de cepillarte los dientes con cortos movimientos hacia atrás y hacia adelante. Tienes que detener el cepillo contra tus dientes suavemente. La fotografía te enseña dónde colocar el cepillo cuando te estés cepillando diferentes superficies de los dientes. Cepillarte los dientes regularmente te ayuda

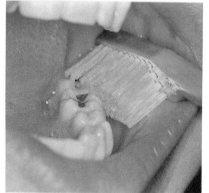

cepillando el exterior
de las muelas

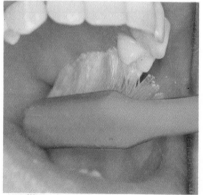

cepillando el interior
de las muelas

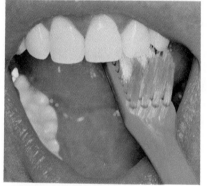

cepillando el interior
de los dientes

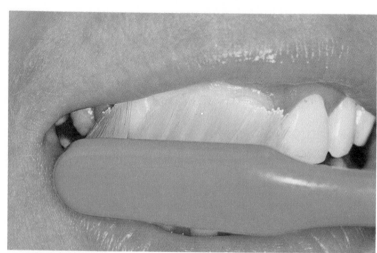

cepillando el exterior
de los dientes

a quitar pedacitos de comida de los espacios entre tus dientes.

También te ayuda a eliminar la placa de tus dientes. La **placa** es una sustancia pegajosa formada de microbios pequeñitos. Esto causa caries en los dientes. Una caries se forma cuando esos microbios convierten ciertos alimentos en sustancias dañinas. Éstas pueden formar un hoyo u orificio en la parte exterior de tus dientes. A este hoyo se le llama cavidad o **caries.** Cuando un dentista no repara pronto una caries, se puede volver más grande.

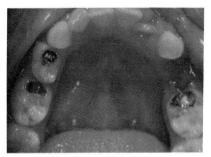
caries en los dientes

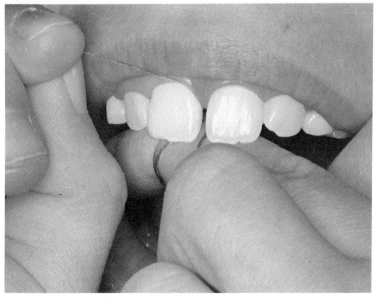
El uso del hilo dental

Lavarte los dientes muy seguido no elimina toda la comida y la placa de tus dientes. Se puede usar un hilo especial que se llama **hilo dental.** Esta foto te muestra cómo se limpian los dientes. Debes limpiarte los dientes con este hilo, por lo menos una vez al día.

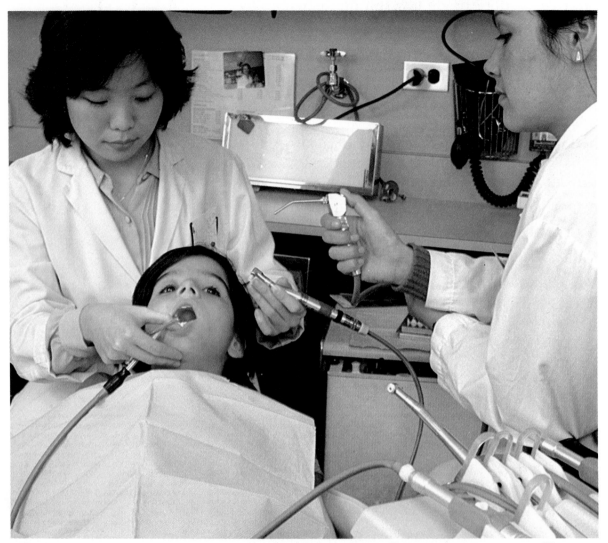

Una dentista limpia los dientes

Un dentista te ayuda a mantener tus dientes saludables. Si te examina los dientes, puedes estar seguro de que estos pequeños problemas no se convertirán en otros más grandes. El dentista puede limpiarte los dientes y reparar las caries. Cuando visites a tu dentista, pregúntale acerca de la mejor manera para cuidarte los dientes.

EL EJERCICIO Y EL DESCANSO

¿Por qué el ejercicio y el descanso son importantes para tu salud?

El ejercicio regular es importante para tu salud. Hace que tu cuerpo trabaje con más fuerza. El ejercicio mantiene los músculos de tu cuerpo más fuertes. Los músculos que son bien ejercitados pueden trabajar por más tiempo sin cansarse. El ejercicio también te ayuda a mantener tu corazón más fuerte.

Puedes hacer mucho ejercicio de diferentes maneras. Puedes caminar, andar en bicicleta. Puedes brincar la cuerda o nadar. Puedes jugar al béisbol u otros deportes.

Grupo de alumnos haciendo ejercicios

Brincando la cuerda

Debes hacer ejercicio todos los días por lo menos 15 minutos. Así el ejercicio puede convertirse en un hábito de buena salud. Debes empezar a hacer ejercicios despacio. De esta manera, no te lastimarás los músculos.

Puedes hacer ejercicios solo. Algunos ejercicios que puedes hacer son caminar, correr, brincar la cuerda. También puedes hacer ejercicio jugando con tus amigos. Puedes jugar la pelota o al balompié o volleybol. Puedes jugar a las carreras con tus amigos.

Tu cuerpo necesita descanso así como ejercicio. Algunas veces, descansas al sentarte o al quedarte quieto en un lugar. Cuando estás muy cansado, duermes. Posiblemente quieras tomar una siesta durante el día si estás muy cansado.

Tu cuerpo necesita el sueño todos los días.
Cuando duermes tu cuerpo no trabaja rápido.
Tu respiración se hace más lenta y tu corazón
late más despacio también. Dormir le da a tu
cuerpo la oportunidad de reponerse. También
ayuda a que tu mente descanse. Sin el descanso, tu cuerpo se cansaría y desgastaría
más rápido. Por lo tanto, te enfermarías.

La gente necesita diferentes cantidades de
sueño. Algunas personas necesitan dormir
más que otras. Los bebitos duermen más o
menos 20 horas el día. Tú probablemente
duermas de 8 a 10 horas diarias. La gente
mayor necesita más o menos 6 horas de descanso diario. Sabrías si has dormido lo suficiente si te despiertas y te sientes descan-
sado. ¿Cuántas horas duermes cada día?

¿Cuáles son algunos ejercicios para estirar los músculos?

Materiales   ninguno

Procedimiento

A. Haz este ejercicio. Ponte de pie con los brazos estirados lateralmente. Separa los pies un poco uno del otro. Mueve la cabeza en un círculo de derecha a izquierda tres veces. Trata de tocarte el pecho con la barba. Ahora, mueve la cabeza en un círculo de izquierda a derecha tres veces.

   1. ¿Qué músculos estás estirando?

B. Haz otro ejercicio. Ponte de pie con los pies un poco separados. Estira los brazos hacia arriba. Párate de puntas y trata de alcanzar lo más alto que puedas. Detente en esta posición mientras cuentas del 1 al 5. Haz esto tres veces.

   2. ¿Qué músculos estás estirando?

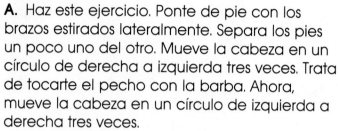

C. Haz el ejercicio que muestran las fotos. Ponte derecho con los pies un poco separados. Detén los brazos derechos a los lados de tu cuerpo. Con los brazos y las piernas derechos, dóblate para tocar la punta de los pies. Toca la punta de tu pie izquierdo con la mano derecha. Después, regresa a la posición en que comenzaste. Ahora, tócate la punta del pie derecho con la mano izquierda. Haz este ejercicio tres veces.

   3. ¿Qué músculos estás estirando?

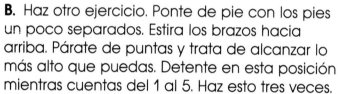

Conclusión

1. ¿Cómo te ayudan a estirar los músculos estos ejercicios?

2. ¿Cómo sientes los músculos después de que los estiraste?

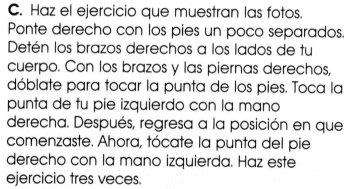

— LOS HÁBITOS DE SEGURIDAD —
¿Cómo te ayudan los hábitos de seguridad a mantenerte saludable?

La seguridad es parte importante para permanecer saludable. Los buenos hábitos de seguridad ayudan a prevenir accidentes.

Debes tener mucho cuidado cuando andes en bicicleta. Andarás en bicicleta con seguridad cuando sigas estos pasos.

- Ten cuidado con los carros y con las personas.

- Ten cuidado de no pisar piedras o meterte en algún hoyo en la calle.

- Obedece las señales de tránsito.

- Sigue las mismas reglas de tránsito que los automovilistas. Maneja tu bicicleta en la misma dirección del tránsito.

- Maneja junto a la banqueta.

- Maneja en vías para bicicleta siempre que te sea posible.

Maneja con cuidado

Para ante un cruce de calles

Muchos accidentes en bicicleta pueden prevenirse. La mayoría pueden prevenirse si te aseguras de que los carros que van por la calle te ven. Trata de usar siempre ropa de colores claros cuando andes en tu bicicleta. Una bandera en tu bicicleta también ayuda a que sea más fácil verte durante el día. Cuando haya poca luz, los reflectores en tu bicicleta ayudarán a los conductores de carros a verte mejor. Tu bicicleta debe de tener reflectores en los rayos de las llantas delantera y trasera y en los pedales de la bicicleta. Cuando andes con uno tus amigos, siempre manejen en fila. Haz señales con la mano antes de parar o dar una vuelta. Si sigues estas reglas, andar en bicicleta será divertido y seguro.

A descubrir

¿Practicas los buenos hábitos de salud? Al final del día, responde estas preguntas. Haz esto durante una semana. Lleva un récord de tus respuestas en un cuaderno o una libreta. Al final de la semana, mira tus respuestas. ¿Qué puedes hacer para mejorar tus hábitos o costumbres de buena salud?

1. ¿Hice ejercicio hoy?   Sí   No
2. ¿Me cepillé los dientes después
   de cada comida?   Sí   No
3. ¿Descansé hoy?   Sí   No
4. ¿Me bañé hoy?   Sí   No
5. ¿Use los manos para hacer
   señales cuando anduve en
   bicicleta?   Sí   No
6. Me lavé los manos antes de cada
   comida?   Sí   No

Inspección de la bicicleta.

CONCEPTOS PARA RECORDAR

▶ Los buenos hábitos o costumbres de salud te mantienen saludable.

▶ Mantener tu persona limpia te conserva libre de microbios.

▶ Cuidarte los dientes impide las caries.

▶ El ejercicio ayuda a los músculos de tu cuerpo a hacerse más fuertes.

▶ El descanso es importante para tu buena salud.

▶ La práctica de buenos hábitos o costumbres de salud ayuda a mantenerte saludable.

Repaso del capítulo

TÉRMINOS CIENTÍFICOS

A. Usa todos los términos de abajo para completar las oraciones.

> microbios   placa   caries   hilo dental

Saber cuidar los dientes es importante. Cepillarte los dientes te ayuda a eliminar pedacitos de comida y __1__ de tus dientes. Una clase especial de hilo que se llama __2__ se puede usar también para limpiar los dientes. Las caries se forman en tus dientes cuando los minúsculos __3__ en la placa convierten ciertos alimentos en sustancias dañinas. Las sustancias dañinas harán que se forme un orificio en la parte exterior que cubre tus dientes. A este hoyo se le llama __4__ .

B. Desenmaraña cada grupo de letras para encontrar un término científico de este capítulo. Escribe una oración usando cada término.

1. báshito   **2.** tindaste   **3.** jecireoci   **4.** dadiresgu

COMPRENSIÓN DE LAS IDEAS

A. Una causa hace que algo ocurra y un efecto es el resultado de lo que ocurre. En las oracione abajo, escribe *causa* o *efecto* conforme lo que dice la oración.

1. **a.** No duermes lo suficiente.
   b. Tu cuerpo está cansado.
2. **a.** Haces ejercicio todos los días.
   b. Los músculos de tu cuerpo pueden trabajar más tiempo.
3. **a.** Tienes pocas caries.
   b. Te cepillas los dientes debidamente.

B. Explica por qué el ejercicio y el descanso son importantes para tu salud.

C. Haz una lista de tres hábitos o costumbres de buena salud que debes practicar para cuidar tus dientes.

LAS IDEAS EN LA PRÁCTICA

1. Usa dos o tres hojas de papel para pintar y haz un librito. En cada página, pinta o dibuja una fotografía de ti practicando una buena costumbre de salud. Haz un dibujo en la cubierta de tu librito. Inventa un título para tu librito.

2. Haz un cartel sobre la salud o la seguridad. Escoge uno o más habitos o costumbres de buena salud o seguridad para tu cartel. Piensa en un título para el cartel.

Capítulo 14

La nutrición

¿Has oído alguna vez decir: "Eres lo que comes"? Es verdad que los alimentos que comas formarán parte de ti. Es por eso que es importante comer buenos alimentos. Algunos alimentos le dan a tu cuerpo la energía que necesita. Estos alimentos son importantes para mantener tus músculos y huesos fuertes. Otros alimentos ayudan a tu cuerpo a crecer y reponerse. ¿Cómo sabes cuáles alimentos debes de comer? ¿Cuáles alimentos son saludables y cuáles no?

En este capítulo aprenderás porqué los alimentos son tan importantes para tu cuerpo. Aprenderás acerca de las diferentes clases de alimentos que comes. También aprenderás cómo mantener buenos hábitos o costumbres al comer.

266

- LA NECESIDAD DE ALIMENTOS -
¿Por qué necesitas alimentarte?

Los alimentos que comes son importantes para tu cuerpo en muchas formas. Los alimentos te dan la energía que necesitas para tus actividades. Estás usando esta energía al tiempo de leer este libro. Usas mucha más energía cuando brincas la cuerda o cuando corres. Usas energía incluso cuando duermes. Toda esta energía viene de los alimentos.

Hay energía en todos los alimentos. Pero algunos alimentos dan más energía que otros.

Menor uso de energía

Mayor uso de energía

pasas

manzana

HONEY

miel

natación

nueces

queso

Las fotografías te muestran alimentos que dan mucha energía. Algunos alimentos que dan mucha energía son las papas, el pan, las pasas, las frutas y el queso. Debes comer alimentos como éstos cuando estés muy activo. Cuando no estás muy activo, no usas mucha energía. Por lo tanto, debes comer alimentos que no den tanta energía. Los vegetales como la lechuga y los tomates dan menos energía que los alimentos en estas fotos.

CLASES DE ALIMENTOS
¿Cómo usa tu cuerpo los nutrimentos?

Tu cuerpo usa muchas clases de alimentos. Los alimentos que comes contienen muchas cosas. Las partes de los alimentos que ayudan a tu cuerpo a crecer y a darte energía son los **nutrimentos.** Hay seis clases importantes de nutrimentos. Éstos son (1) el azúcar y el almidón, (2) la grasa, (3) las proteínas, (4) las vitaminas, (5) los minerales y (6) el agua.

El azúcar y el almidón le dan energía rápida a tu cuerpo. Las manzanas, los plátanos, las naranjas, la miel y otros alimentos dulces contienen azúcar. El pan, las papas y los tallarines, contienen almidón. Todos estos alimentos te dan la energía que necesitas para trabajar y jugar. El azúcar y el almidón que no usas como energía se almacenan como grasa.

El uso de la energía rápida

Alimentos de energía rápida

La **grasa** también da mucha energía. La grasa da dos veces más energía que el azúcar y el almidón. Tu cuerpo almacena la grasa que no usa. Esta grasa almacenada se puede usar cuando tu cuerpo necesita energía extra. La grasa almacenada también te ayuda a mantener el calor necesario en tu cuerpo. No es saludable tener mucha grasa en tu cuerpo. La mantequilla, el queso, las nueces y la leche tienen grasa. Todos los alimentos en esta foto contienen grasa.

Midiendo la estatura

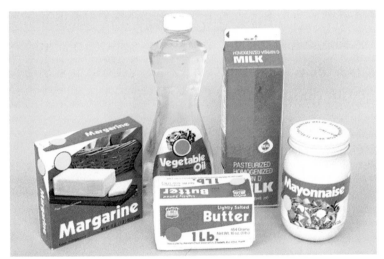

Algunos alimentos que contienen grasa

La **proteína** la necesitan tus músculos, huesos y otros partes del cuerpo para crecer. El niño en la fotografía necesita estos alimentos para crecer. Puesto que no puedes almacenar las proteínas, debes comer todos los días alimentos que tengan proteínas. La carne, los huevos, los frijoles y el queso son alimentos que tienen proteínas.

Algunos alimentos con proteínas.

271

Los **minerales** los necesitas para tu crecimiento. Ayudan a tu cuerpo a reconstruir las partes desgastadas. Ciertos minerales te ayudan a reconstruir tus huesos y tus dientes. Se encuentran en la leche, en el queso y en los vegetales. El hierro es un mineral importante para mantener la sangre saludable. Se encuentra en el hígado y en los vegetales verdes.

Las **vitaminas** ayudan a tu cuerpo a funcionar en la forma debida. Todos los alimentos tienen vitaminas. Hay más de una clase de vitamina B. Los vegetales de hojas, los huevos y la leche tienen algunas vitaminas B. El grupo de la vitamina B es importante.

¿Sabías esto?

Algunas personas no comen carne. Estas personas son vegetarianas. Sus comidas consisten casi en puros vegetales. Obtienen los alimentos nutritivos sin comer carne, pescado, ni pollo. Si se seleccionan con cuidado los alimentos, es posible obtener suficientes proteínas sin tener que comer carne. Otros alimentos ricos en proteínas son el queso, los huevos, la mantequilla de cacahuate, los frijoles y las nueces.

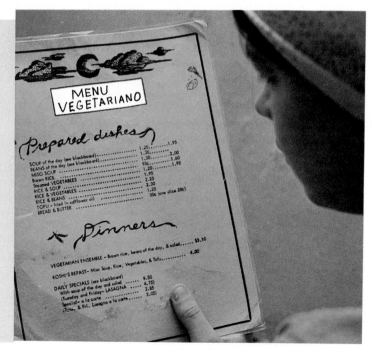

Las naranjas y otras frutas contienen la vitamina C que también te ayuda a mantenerte saludable. La vitamina D en la leche mantiene fuertes tus dientes y tus huesos.

El **agua** es un alimento nutritivo muy importante. Debes beber de 6 a 8 vasos de agua diariamente. Parte del agua que necesitas está en la leche o en los jugos de frutas. También hay mucha agua en algunas frutas y

vegetales. No podrías vivir sin agua. Más de la mitad de tu cuerpo está formado por agua.

Es importante que tengas todas las 6 clases de nutrimentos diariamente. Pero, ¿cómo puedes saber si los alimentos que comes tienen todos los nutrimentos que necesitas? Una forma de averiguar esto es leer las etiquetas en las cajas, en las latas o en los frascos de comida. Las etiquetas tienen una lista de los nutrimentos.

INFORMACIÓN SOBRE LA NUTRICIÓN

Tamaño de la porción: 28,4 g, más o menos ½ taza de cereal sólo o con ½ taza de leche con Vitamina D fortificada.

Porciones en este paquete: 12

	Hojuelas de maíz	
---	cereal solo	con leche
calorías	110	180
proteínas	2 g	6 g
carbohidrato	24 g	30 g
grasa	1 g	5 g
sodio	185 mg	245 mg

PORCENTAJE DIARIO RECOMENDADO U.S. RDA

	Hojuelas de maíz	
---	cereal solo	con leche
proteínas	4	10
vitamina A	25	30
vitamina C	25	25
tiamina	25	30
riboflavina	25	35
niacina	25	25
calcio	25	25
hierro	4	6
vitamina D	10	25
vitamina E	25	25
ácido fólico	25	25
vitamina B_6	25	30
vitamina B_{12}	25	30
fósforo	6	20
magnesio	6	10
cinc	25	30
cobre	4	4

*Contiene menos del 2% de los nutrientes U.S. RDA

Ingredientes listada en orden de predominancia. Ingredientes: maíz entero, sabor de malta, sal y bicarbonato de sodio.

Fortificado con: Vitamina C (ascorbato de sodio y ácido ascórbico) Vitamina E (acetato de vitamina E) niacinal (niacinamida), zinc (oxido de cinc), vitamina A (palmitato de vitamina A), vitamina B_6 (clorhidrato de piridoxina), vitamina B_2 (riboflavina), vitamina B_1 (clorhidrato de tiamina), ácido fólico, vitamina B_{12} y vitamina D_2.

Etiqueta del alimento

¿Qué nutrimentos contienen los alimentos?

Materiales   etiquetas de 4 o más alimentos diferentes.

Procedimiento

A. Mira las etiquetas de los alimentos en la fotografía en la página 273.

> **1.** ¿Contiene proteínas este alimento?
>
> **2.** ¿Contiene carbohidratos (azúcar o almidón) este alimento?
>
> **3.** ¿Qué otros nutrimentos contiene este alimento?

B. Haz una tabla como la que ves aquí. La primera línea se da como ejemplo. La información viene de la etiqueta de alimentos de la página 273.

ALIMENTO	PROTEÍNAS	GRASA	CARBOHIDRATOS (azúcar o almidón)	VITAMINAS	MINERALES
Cereal	✓	✓	✓	✓	✓

C. Mira las etiquetas de cuatro o más alimentos diferentes. Llena tu tabla con la información de las etiquetas.

> **4.** ¿Cuál contiene más nutrimentos?
>
> **5.** ¿Cuál contiene menos nutrimentos?

Conclusión

1. ¿Qué nutrimentos hay en los alimentos? ¿Cómo lo sabes?

2. ¿Qué otra clase de información puedes encontrar acerca de un alimento cuando lees las etiquetas de los alimentos?

— LOS GRUPOS DE ALIMENTOS —
¿Cuáles son los cuatro grupos de alimentos más importantes?

Tu **dieta** incluye todos los alimentos que comes. Sabes que los alimentos son nutritivos. Si estás obteniendo toda la nutrición que tu cuerpo necesita, tienes una dieta balanceada. Una dieta balanceada incluye alimentos de cada uno de los cuatro grupos. Los grupos de alimentos importantes son (1) la carne, (2) el pan y los cereales, (3) las frutas y los vegetales y (4) los productos de leche o lácteos.

El grupo de la carne contiene mucha proteína. El pollo, el pescado, la carne, los huevos, las nueces y los frijoles forman parte de este grupo.

Alimentos de los cuatro grupos

Debes comer por lo menos dos porciones del grupo de la carne diariamente.

El grupo del pan y del cereal contiene mucho almidón. El arroz, los tallarines, el cereal y el pan forman parte de este grupo. Tienes que comer cuatro porciones o más del grupo de pan y cereal diariamente.

El grupo de las frutas y los vegetales contiene azúcar, almidón, minerales y vitaminas. El grupo incluye todas las frutas y los vegetales. Debes de comer por lo menos cuatro porciones de este grupo diariamente.

El grupo lácteo contiene vitaminas, minerales, proteínas y algo de grasa. Todos los alimentos que están en este grupo vienen de la leche. Esto incluye el queso, la mantequilla y el helado. Debes de comer tres porciones de este grupo diariamente.

A descubrir

¿Cómo es la dieta de otras personas? La gente en otras partes del mundo come alimentos diferentes de los que tú comes. Los niños en el Japón probablemente comen arroz con vegetales y pescado a la hora del almuerzo. Los niños en Jamaica comerán frijoles negros con carne de puerco y coco a la hora del almuerzo.

Mira en libros de recetas y en otros libros para averiguar qué clases de alimentos come la gente en otros países. ¿Comen ellos alimentos de los cuatro grupos?

Debes comer algunos alimentos de cada uno de los cuatro grupos en cada comida. La fotografía muestra un desayuno, una comida y una cena balanceadas. ¿Puedes decir de dónde viene cada grupo de alimento? Si comes alimentos de cada grupo todos los días, tu dieta estará balanceada.

desayuno

almuerzo o comida

comida o cena

¿Qué alimentos están en una dieta balanceada?

Materiales Revistas y periódicos viejos / tijeras / tres hojas de papel grande / pegamento / crayolas

Procedimiento

A. Busca en las revistas y en los periódicos fotografías de alimentos. Corta estas fotografías.

B. Escoge alimentos en las fotografías para hacer un desayuno balanceado. Pega estas fotografías en un pedazo de papel. Si no puedes encontrar fotografías para ciertos alimentos, usa tus crayolas para dibujarlos.

   1. ¿Qué grupos de comidas tienes en tu desayuno?

   2. ¿Qué grupos de comidas faltan?

C. Repite el paso de la letra **B**; pero elige esta vez estas fotografías para formar un almuerzo balanceado.

   3. ¿Qué alimentos hay en tu almuerzo?

   4. ¿Qué grupos de alimentos faltan?

D. Repite el paso de la letra **B**, esta vez escoge fotografías para hacer una comida balan-ceada.

   5. ¿Qué grupos de alimentos tienes en tu comida?

   6. ¿Qué grupos de alimentos faltan?

Conclusión

1. ¿Cuántas porciones de cada grupo de alimento hay en las comidas que planeaste?

2. ¿Qué es una dieta balanceada?

3. ¿Qué alimentos forman una dieta balanceada?

La ciencia en la práctica

Planea una comida balanceada para una persona muy activa. Planea otra comida balanceada para una persona que no es activa, ¿En qué se diferencian las comidas?

LOS BUENOS HÁBITOS DE ALIMENTACIÓN

¿Cuáles son tres costumbres para asegurar una comida saludable?

Sabes que debes comer tres comidas balanceadas por día. Si te da hambre entre estas comidas, debes escoger una merienda o botana de uno de los cuatro grupos de alimentos. Las botanas que no son buenas para tu salud son las que contienen mucha azúcar o mucha grasa. Éstas no te dan vitaminas ni minerales.

Las fotografías de abajo te enseñan algunas botanas buenas para ti. ¿De qué grupo de alimentos vienen estas botanas? Las botanas que son buenas para ti, son parte de una dieta balanceada. Comer una dieta balanceada es una buena costumbre para asegurar la salud.

Cereal con leche

Apio y mantequilla de cacahuate

Queso y galletas saladas

Alimentos frescos

Otra costumbre saludable es comer alimentos frescos. Estos alimentos frescos a veces se llaman alimentos naturales. Los alimentos frescos tienen, por lo regular, más vitaminas y minerales que los alimentos enlatados o en frascos o cajas.

Debes de comer solamente tanta comida como tu cuerpo requiera. Si comes más comida de la que necesita tu cuerpo, la que no necesita se convertirá en grasa. Al comer mucho aumentarás de peso. Si no comes lo suficiente, tu cuerpo no podrá obtener la energía que necesita. Puedes sentirte cansado.

Puedes perder peso. Un doctor te puede decir si debes subir o bajar de peso. Una regla general es comer solamente a la hora de la comida y solamente hasta que quedes satisfecho. Y asegúrate de comer una dieta balanceada.

Mira las fotos. Hay gente jugando baloncesto.

CONCEPTOS PARA RECORDAR

▶ Los alimentos son el origen de la energía para todo lo que tú haces.

▶ Las seis clases de alimentos nutritivos son el azúcar y el almidón, la grasa, las proteínas, los minerales, las vitaminas y el agua.

▶ Las vitaminas ayudan a tu cuerpo a funcionar como es debido.

▶ Las buenas costumbres en el comer aseguran la buena salud.

Repaso del capítulo

TÉRMINOS CIENTÍFICOS

A. Copia las oraciones abajo. Usa los términos científicos de este capítulo para completar tus oraciones.

1. Los alimentos que comes son parte de tu ____.
2. Las partes de los alimentos que te ayudan a crecer y que te dan energía se llaman ____.
3. ____ y ____ le dan energía inmediata a tu cuerpo.
4. ____ queda almacenada en tu cuerpo y se puede usar como energía extra.
5. Los alimentos que comes componen tu ____.

B. Escribe la letra del término que mejor corresponda a la definición. No se usarán todos los términos.

1. Alimentos que contienen almidón.
2. Nutrimento que compone más de la mitad de tu cuerpo.
3. Alimentos que contienen azúcar.
4. Nutrimentos que te ayudan a restaurar tu cuerpo.
5. Nutrimentos que no se usan como energía.
6. Alimentos que tienen grasa.

a. manzana
b. vitaminas
c. nueces
d. dieta
e. agua
f. pan
g. minerales

COMPRENSIÓN DE LAS IDEAS

A. Identifica cada uno de los siguientes.

1. Es un nutrimento. Ayuda a tu cuerpo a crecer. Está en la carne, en el pollo, en el pescado, en los huevos y en el queso. ¿Qué es?

2. Es un mineral. Es importante para mantener la sangre saludable. Está en el hígado y en los vegetales verdes. ¿Qué es?

B. Haz una tabla como la que ves aquí. Escribe los nombres de cada alimento bajo el título correcto.

Grupo de carne	Grupo de pan y cereales	Grupo de frutas y vegetales	Grupo de leche

Después de completar la tabla, di cuáles alimentos vienen de las plantas y cuáles de los animales.

C. Nombra las seis clases principales de nutrimentos.

LAS IDEAS EN LA PRÁCTICA

1. Planea un menú para tu desayuno, tu almuerzo y tu cena. Incluye la cantidad correcta de cada uno de los cuatro grupos de alimentos.

Las profesiones en las ciencias

Mucha gente contribuye a que te mantengas saludable: *doctores*, *dentistas* y *enfermeras*, Pero hay muchos profesionales más en el campo de la salud.

Mucha gente trabaja para la ciudad y los departamentos de salubridad. Entre otros trabajos, aseguran que se obedezcan las leyes de salubridad.

Los *inspectores de los alimentos* revisan la carne, las frutas y los vegetales antes de que se pongan a la venta. Se aseguran de que los alimentos no vengan de

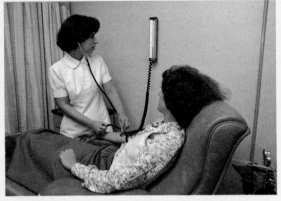

enfermera

animales o plantas enfermas.

Los *farmacéuticos* preparan las medicinas ordenadas por los doctores para la gente enferma.

Los expertos en dietética planean las comidas necesarias para la buena salud.

Los *paramédicos* trabajan junto con los doctores. Dan tratamientos de emergencia a la gente enferma o lastimada.

inspectores de alimentos

paramédicos

La gente en las ciencias

Dra. Jane C. Wright (1919–   ) La Dra. Wright no pensaba hacerse doctora. Su meta era llegar a ser una artista famosa. Hoy, la Dra. Wright es profesora en la facultad de medicina de la universidad donde ella misma estudió. Pero su mayor interés es la investigación del cáncer. Está tratando de encontrar la cura para el cáncer. Ella piensa que algún día el cancer podrá curarse con algún medicamento. La Dra. Wright está tratando de encontrarlo.

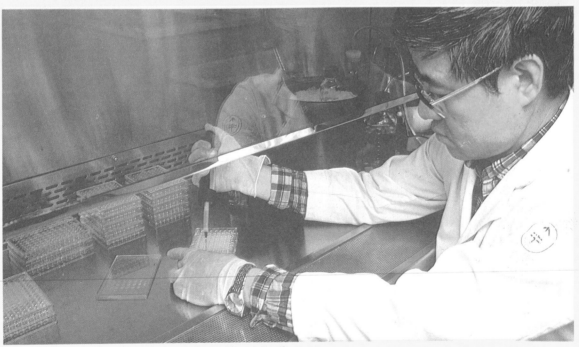

Un doctor haciendo una investigación del cáncer

Desarrollo de destrezas

DESTREZA CON PALABRAS

Los prefijos y los sufijos son partes de las palabras. Un prefijo se añade al comienzo de la pala-bra base. Un sufijo se añade al final de la palabra base. Las tablas de abajo te muestran algu-nas prefijos y sufijos que cam-bian el sentido de las palabras.

Prefijo	Significado	Ejemplo
mal-	que no es bueno	maltrato
re-	otra vez	reabrir
in-	no	incoloro

Sufijo	Significado	Ejemplo
-ísimo	lo máximo	calientísimo
-ito/ita	muy pequeño	animalito
-oso	que parece	lluvioso

Usa estas tablas para escribir los significados de estas palabras.

1. insatisfecho   2. malpensado

3. pantanoso   4. polvoroso

5. recalentar   6. malísimo

7. revolver   8. plantita

LECTURA DE UNA GRÁFICA DE BARRAS

En la página siguiente hay una gráfica de barras. Te muestra la altura de los estudiantes. Esta gráfica también te muestra cuán-tos estudiantes son de la misma altura.

Usa esta gráfica para contestar las preguntas siguientes.

1. ¿Qué altura tienen la mayoría de los estudiantes?

2. ¿Qué altura tienen la minoría de los estudiantes?

3. ¿Cuántos estudiantes miden 126 centímetros de altura?

4. ¿Cuál es la diferencia en altura entre el estudiante más alto y el estudiante más bajo?

ALTURA DE ESTUDIANTES DE TERCER GRADO

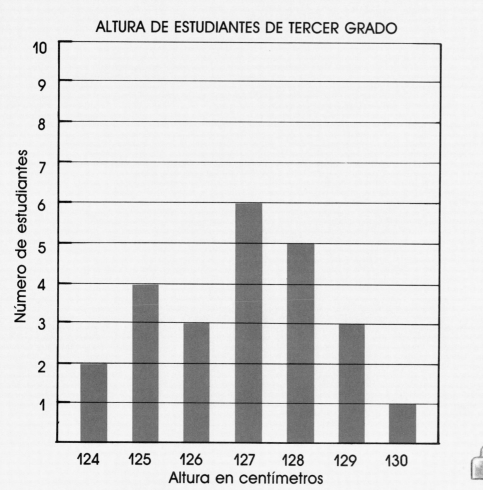

Número de estudiantes

Altura en centímetros

HAGAMOS UNA GRÁFICA DE BARRAS

Haz una gráfica de barras para mostrar cuántas veces comes alimentos de cada uno de los cuatro grupos. Para obtener tu información, escribe los nombres de los cuatro grupos de alimentos en una lista. Pon una marca en seguida del grupo correcto cada vez que comas alguno de estos alimentos. Haz esto durante tres o más días. Usa esta información para hacer una gráfica de barras.

Cuando hayas completado la gráfica, verás si estás comiendo alimentos de los cuatro grupos.

Sistema métrico decimal

En este libro aprenderás a medir muchas cosas. Estas cosas se miden en unidades del sistema métrico decimal. Ve estos dibujos; te ayudarán a comprender el sistema métrico. Busca por tu casa y en la escuela otras cosas que estén medidas con las unidades métricas.

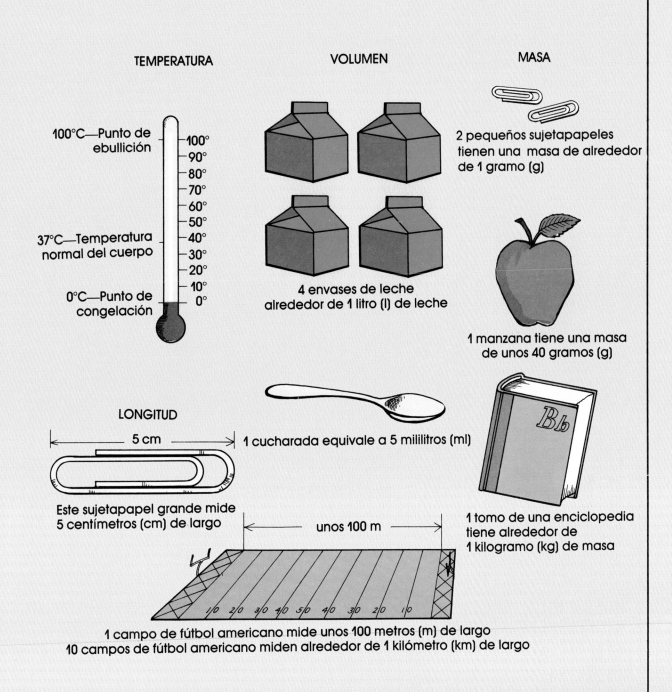

TEMPERATURA

100°C—Punto de ebullición

37°C—Temperatura normal del cuerpo

0°C—Punto de congelación

100°
90°
80°
70°
60°
50°
40°
30°
20°
10°
0°

VOLUMEN

4 envases de leche alrededor de 1 litro (l) de leche

1 cucharada equivale a 5 mililitros (ml)

MASA

2 pequeños sujetapapeles tienen una masa de alrededor de 1 gramo (g)

1 manzana tiene una masa de unos 40 gramos (g)

1 tomo de una enciclopedia tiene alrededor de 1 kilogramo (kg) de masa

LONGITUD

5 cm

Este sujetapapel grande mide 5 centímetros (cm) de largo

unos 100 m

1 campo de fútbol americano mide unos 100 metros (m) de largo
10 campos de fútbol americano miden alrededor de 1 kilómetro (km) de largo

Preguntas de las lecciones

Al estudiante

La lectura de tu libro te ayudará a aprender más sobre el mundo que te rodea. Tu libro responderá las muchas preguntas que tendrás sobre los seres vivientes, la Tierra, el espacio, la materia y la energía.

En las páginas que siguen encontrarás preguntas de cada lección de tu libro. Estas preguntas te ayudarán a evaluar la comprensión que tengas de los términos y las ideas que hayas leído.

Hay dos tipos de preguntas. El primer tipo puedes contestarlo usando la información que leas en cada lección. La lectura cuidadosa te ayudará a contestar estas preguntas.

El segundo tipo de pregunta se llama "Piensa como un científico". Estas preguntas son más difíciles. No encontrarás la respuesta simplemente leyendo la lección. Quizá tengas que pensar más duro.

1 Animales

LOS ANIMALES Y SUS CRÍAS
(págs. 4-7)

1. ¿De dónde vienen la mayoría de los animales?
2. ¿Cómo se llama a los animales que tienen pelo y se alimentan de leche materna?
3. ¿Cómo varía el número de huevos que ponen los animales?
4. Nombra un animal que sale del huevecillo dentro del cuerpo de la hembra.

Piensa como un científico

Con una bombilla eléctrica para calentar un huevo, vas a ver cómo un pollito sale del cascarón. Es importante hacer girar el huevo cada tantas horas. ¿Por qué es importante hacer esto?

LOS ANIMALES CRECEN Y CAMBIAN
(págs. 8-12)

1. ¿Cuáles son las tres etapas de crecimiento de un saltamontes?

2. Nombra las etapas de crecimiento de la mariposa que ves en la foto.

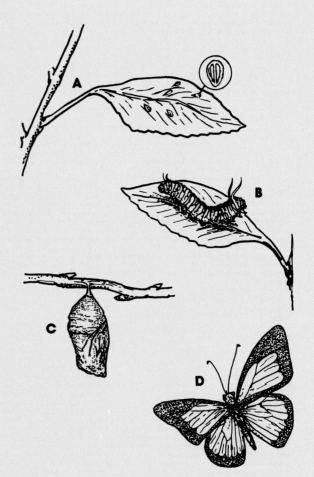

Piensa como un científico

Los científicos aprenden acerca de los animales observándolos y escribiendo lo que ven. Así, acumulan mucha información. ¿Como saben los científicos que los animales crecen y cambian?

EL CUIDADO DE LA CRÍA

(págs. 13-17)

1. Escribe el nombre de cada animal abajo. Junto a cada uno, di si *necesita el cuidado de sus padres* o si *puede cuidarse a sí mismo.*

pez   gatico
pájaro   tortuga

2. Da tres razones por las que los mamíferos recién nacidos necesitan el cuidado de sus padres.

Piensa como un científico

La mayor parte de los animales nacen en primavera. Piensa en alguna razón que explique esto.

ALIMENTOS QUE NOS DAN LOS ANIMALES

(págs. 22-24)

1. ¿Cuáles animales son aves?
2. Nombra el animal del cual viene cada alimento que ves abajo.
   a. carne de res   b. tocino
   c. jamón   d. leche
3. Nombra unos animales que los humanos usan como alimento pero no los crían.

Piensa como un científico

Algunas veces un agricultor pierde su cosecha o se le enferma su ganado. ¿Cómo puede el científico ayudar al agricultor con estos problemas?

LAS PERSONAS CRÍAN OTROS ANIMALES

(págs. 25-28)

1. Di como son útiles para la gente estos animales:
   a. perro
   b. caballo

2. Explica qué es y de qué animal vino lo que ves abajo.

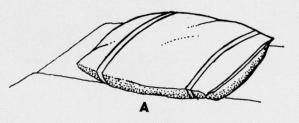

A

B

Piensa como un científico

Estás perdido en el monte. Sin comida, sin ropa adecuada, sin albergue. Hay muy pocas plantas y todas son dañinas. Encuentras tres animales domésticos. Uno es grande y peludo. Los otros dos son pequeños y plumosos. Escribe un cuento diciendo cómo usarías estos animales para sobrevivir.

ANIMALES EN PELIGRO DE EXTINCIÓN

(págs. 29-30)

1. ¿Qué es la grasa de ballena y cómo se usaba?
2. ¿Qué le sucedió a las ballenas después de que la gente cazó y mató tantas?
3. Por qué un animal silvestre está en peligro de extinción.

A

B

Piensa como un científico

Los científicos aprenden acerca de la contaminación cuando observan y estudian los animales. ¿Qué cosas crees que observan los científicos?

LOS ANIMALES NECESITAN A LA GENTE

(páges. 34-35)

1. ¿Qué es un refugio para animales silvestres?
2. ¿Cuál es la diferencia entre un animal que está en peligro de extinción y uno que está extinto?
3. Explica dos modos de proteger los animales silvestres.

Piensa como un científico

Medir y contar son dos herramientas importantes que usan los científicos todos los días. Algunos tratan de averiguar cuántos animales de una clase están en peligro en una región extensa. ¿Cómo podrían saber el total de los animales en peligro en un región grande sin tener que contarlos uno por uno?

3 Las plantas de semilla

LAS RAÍCES
(págs. 40-42)

1. ¿Qué hacen las raíces?
2. Nombra las clases de raíces que ves en el dibujo. ¿En qué se parecen estas raíces?

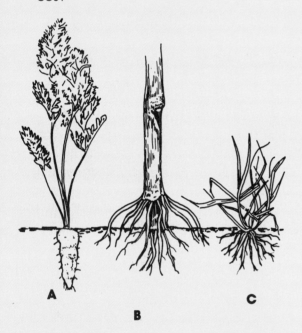

A B C

LOS TALLOS
(págs. 43-47)

1. ¿Qué hacen los tallos?
2. ¿Cuáles son las cuatro clases principales de plantas de semilla?
3. Describe el tallo de un árbol.
4. ¿Cuál es la diferencia entre el tallo de la hierba y el de las enredaderas o trepadoras?

Piensa como un científico
¿Por qué es necesario sostener las plantas de tomate con estacas de madera?

Piensa como un científico
¿Por qué crees que las plantas crecen menos de lo normal cuando crecen muy juntitas unas de otras?

LAS HOJAS
(págs. 48-50)

1. ¿Dónde hacen su alimento las plantas verdes?
2. ¿Qué alimento hacen las hojas?
3. ¿De dónde toman las plantas verdes cada uno de lo siguiente: agua, dióxido de carbono, energía?

Piensa como un científico

Haz de cuenta que eres un científico que se va a vivir a un planeta extraño. El planeta tiene aire con muy poco oxígeno. El aire allí tiene más dióxido de carbono que oxígeno. ¿Cómo podrías poner más oxígeno en el aire?

LAS FLORES Y LAS SEMILLAS
(págs 51-56)

1. ¿En qué se parecen todas las semillas?

2. ¿De dónde vienen las semillas?

3. Nombra las partes de las semillas que muestra el dibujo.

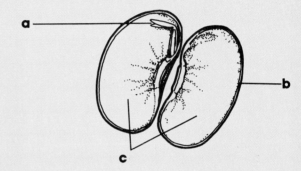

Piensa como un científico

¿Cómo podrías identificar una semilla extraña? Describe al menos tres maneras diferentes.

4 Las plantas son importantes

ALIMENTO QUE VIENE DE LAS PLANTAS
(págs. 62-69)

1. ¿Qué es y cómo se produce el almidón?

2. ¿Qué partes de la planta se usan como alimento?

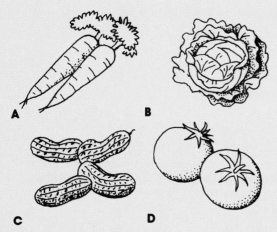

A

B

C

D

3. ¿Por qué no habría carne, leche, ni huevos si no hubieran plantas verdes?

Piensa como un científico
Haz un menú de una comida que incluya todas las partes de las plantas. Puedes usar diferentes clase de plantas.

OTROS USOS DE LAS PLANTAS
(págs. 70-74)

1. ¿Para qué se usan estos árboles?

2. ¿Qué es el abono natural?

Piensa como un científico
Alguna gente vive lejos de tiendas que venden cosas para cultivar jardines. ¿Cómo podrían obtener semillas, estacas y fertilizante? ¿Cómo podrían controlar los insectos?

PLANTAS QUE CAUSAN DAÑO

(págs. 75-76)

1. ¿Por qué es dañino el moho?

2. ¿Cuál es esta planta? ¿Por qué es útil? ¿Por qué es dañina?

3. ¿Por qué es peligroso tocar o comer algunas plantas?

Piensa como un científico

Los científicos que estudian las plantas saben cuáles son peligrosas. ¿Cómo crees que aprendieron cuáles son buenas y cuáles son malas?

5 Todo acerca de la materia

PROPIEDADES DE LA MATERIA
(págs. 88-90)

1. Nombra algunas propiedades de los objetos.
2. ¿Qué significa materia?
3. ¿Que significa masa?

Piensa como un científico
Los científicos seleccionan sus palabras con mucho cuidado. ¿Por qué son importantes para los científicos palabras como *masa, sólido, líquido* y *gas*?

ESTADOS DE LA MATERIA
(págs. 91-93)

1. ¿Cuáles son los tres estados de la materia?
2. Haz una lista de los estados y da un ejemplo de cada uno.

Piensa como un científico
Adivina qué pasaría si el líquido no fuera un estado de la materia en la Tierra.

LAS PARTÍCULAS EN LA MATERIA
(págs. 94-95)

1. Dibuja las partículas tal como se verían en cada una de estas cosas.

A **B** **C**

Piensa como un científico
Cuando el agua se enfría mucho, se congela convirtiéndose en un sólido. El hielo sólido flota en el agua. Dibuja las partículas de hielo y las partículas de agua. ¿Por qué es importante que el hielo es más liviano que el agua?

LA MATERIA PUEDE CAMBIAR

(págs. 96-98)

1. ¿Qué es un cambio físico?
2. Explica qué le pasa al agua en cada temperatura.

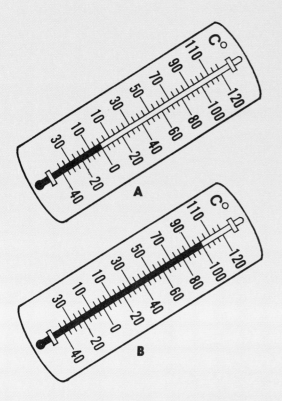

Piensa como un científico

¿Cómo pueden ser un problema para la gente los cambios de los estados del agua?

DIFERENTES CLASES DE MATERIA

(págs. 99-101)

1. ¿En qué se diferencia un cambio químico de un cambio físico?
2. Da un ejemplo de un cambio químico.
3. Explica cómo se hace diferente la materia en un cambio químico.

Piensa como un científico

Los siguientes son cambios químicos. ¿Qué se necesita para que ocurra cada cambio?

1. de madera a cenizas
2. de harina, agua y levadura a pan
3. de bicarbonato de sodio a dióxido de carbono
4. de hierro a herrumbre

6 La fuerza, el trabajo y la energía

LA FUERZA
(págs. 106-107)

1. ¿Qué significa fuerza?
2. Nombra tres maneras al menos en que la fuerza cambia el movimiento de las cosas.
3. Da un ejemplo de una fuerza que empuja y de una fuerza que tira o jala.

Piensa como un científico
¿Son las fuerzas una forma de materia? ¿Por qué sí o no?

CLASES DE FUERZAS
(págs. 109-114)

1. ¿Qué significa gravedad?
2. Di si estos pares de imanes se rechazan o se repelen entre sí.

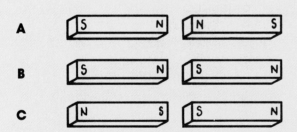

3. ¿Qué significa fricción?
4. ¿Cómo puede reducirse la fricción?

Piensa como un científico
Reducir la fricción en una nave espacial puede ser un problema para los científicos. En el espacio, los lubricantes se evaporan por el calor del Sol. ¿Por qué puede ser un problema esta evaporación?

EL TRABAJO
(págs. 115-116)

1. ¿Cuándo se realiza trabajo?
2. ¿Cuáles dibujos no muestran trabajo?

A

Piensa como un científico

¿Qué cuesta más trabajo, empujar un carrito del supermercado 2 metros o empujarlo 8 metros? Explica tu respuesta.

LA ENERGÍA

(págs. 117-119)

1. ¿Cómo están relacionados la energía y el trabajo?
2. Los términos abajo no están en orden. Escríbelos en su orden correcto.

Algo se mueve   Se necesita energía
Se realiza trabajo   Se usa la fuerza

Piensa como un científico

Hay muchas clases de energía. ¿Puede la energía cambiar de una clase a otra? Si es posible, da tres ejemplos de energía que cambie de una clase a otra. Si no es posible, explica por qué.

3. La cantidad de trabajo que se realiza depende de dos cosas. ¿Cuáles son?

7 Las máquinas

LA PALANCA: UNA MÁQUINA SIMPLE
(págs. 124-127)

1. ¿Qué es una máquina simple?
2. Nombra cinco formas de máquinas simples usadas en tu escuela.
3. Identifica la fuerza, la carga y el punto de apoyo en las fotos.

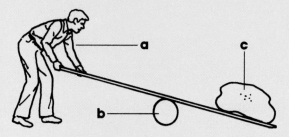

Piensa como un científico
Mira esta palanca. ¿Cómo puedes cambiarla para reducir la fuerza que se necesita para levantar la carga? ¿Cómo podrías cambiar la palanca para empujar la carga menos distancia y mover la carga a más distancia?

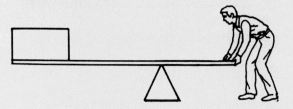

EL USO DE UN PLANO INCLINADO
(págs. 128-131)

1. ¿Qué es un plano inclinado?
2. ¿Cómo se mueven la fuerza y la carga cuando se usa un plano inclinado?
3. ¿Qué es una cuña?
4. ¿Qué clase de máquina es un tornillo?

Piensa como un científico
¿Qué máquinas simples se pueden usar en una excursión para acampar? Da todos los ejemplos que puedas.

LA RUEDA Y EL EJE
(págs. 132-134)

1. Da un ejemplo de rueda y eje. ¿Cómo facilitan el trabajo?
2. ¿Qué es un engrane?

Piensa como un científico
Mira el engranaje. ¿Cuántas veces girará A por cada vuelta de B? Explica la utilidad de esto en una máquina.

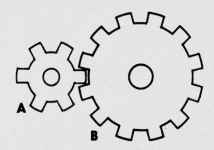

Piensa como un científico

Te han asignado un trabajo. Tienes que llevar un cubo de arena al tercer piso del edificio. No puedes usar las escaleras ni el ascensor. En el tercer piso hay una ventana abierta. Di o dibuja cómo llevarías el cubo al tercer piso.

POLEAS
(págs. 135-137)

1. ¿Qué es una polea?
2. ¿Qué máquina simple aparece en la foto? Describe cómo se mueven la fuerza y la carga.

MÁQUINAS COMPUESTAS
(págs. 138-139)

1. ¿Qué son las máquinas compuestas?
2. Identifica tres juguetes que son máquinas compuestas.

Piensa como un científico

Mira la máquina compuesta. Nombra las máquinas simples que forman la máquina compuesta y di cómo cada una ayuda a realizar el trabajo.

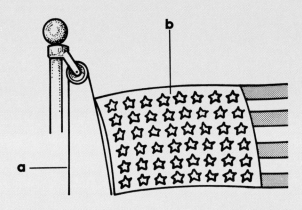

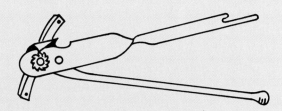

3. Identifica la fuerza y la carga en la foto. Explica cómo se está usando la polea para facilitar el trabajo.

8 El sonido

PRODUCCIÓN DE SONIDOS
(págs. 144-146)

1. ¿Cómo se hace el sonido?
2. ¿En qué se parecen un tambor y una regla que vibran?

Piensa como un científico
Algunos cereales dan chasquidos en la leche. El chasquido de un globo hace el mismo sonido. ¿Qué crees que causa este sonido?

SONIDOS DIFERENTES
(págs. 146-148)

1. ¿Cuál es la diferencia entre el volumen y el tono de los sonidos?
2. Agrupa los instrumentos según el tono. (1 el más alto, 4 el más bajo)

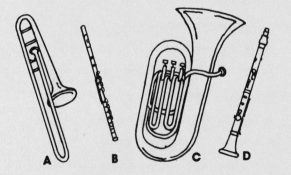

Piensa como un científico
¿Por qué el guitarrista siempre está apretando las cuerdas de su guitarra? ¿Por qué es necesario afinar los pianos?

CÓMO SE PROPAGA EL SONIDO
(págs. 149-151)

1. ¿Qué clase de materia atraviesa más rápido el sonido?
2. ¿Cómo puedes usar el sonido para averiguar desde muy lejos si viene un tren?

Piensa como un científico
Diseña un experimento para comprobar que el sonido se mueve mejor a través de algunas cosas que de otras.

CÓMO REBOTA EL SONIDO
(págs. 152-153)

1. ¿Qué es el sonido reflejado?
2. ¿Cuándo se puede oír un eco?

Piensa como un científico

¿Por qué se diseñan los auditorios de esta manera?

LOS SONIDOS DE LOS SERES VIVIENTES
(págs. 154-157)

1. ¿Qué es comunicación?
2. ¿Qué son cuerdas vocales?
3. ¿Cuándo hacen sonidos los murciélagos? ¿Cómo usan los sonidos para localizar objetos?

Piensa como un científico

Los submarinos pueden localizar objetos en el agua. ¿Cómo crees que pueden hacerlo?

9 La Tierra cambiante

EL INTERIOR DE LA TIERRA
(págs. 168-170)

1. Mira el dibujo. Nombra las tres capas de la Tierra.

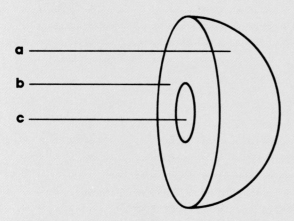

2. Da dos razones por las que la corteza es la capa más importante de la Tierra.

Piensa como un científico
Te dan un pan caliente para comer. Está tan caliente que no lo puedes morder. Después de esperar unos minutos, el exterior del pan se enfría y se endurece. Lo muerdes. Está tan caliente el interior que le sale vapor. Explica tu descubrimiento. ¿Cómo se parece el pan a la Tierra?

CAMBIOS RÁPIDOS EN LA CORTEZA
(págs. 171-173)

1. ¿Cómo causa un terremoto un cambio en la corteza?
2. ¿Qué es un volcán?

Piensa como un científico
Los científicos están tratando de pronosticar exactamente cuándo ocurrirán los terremotos. ¿Cuáles datos científicos pueden ser importantes en el pronóstico de los terremotos? ¿Por qué? ¿Por qué es importante este tipo de labor científica.

CAMBIOS LENTOS EN LA CORTEZA TERRESTRE
(págs. 174-175)

1. ¿Qué son los cambios o alteraciones?
2. ¿Qué significa la erosión?

Piensa como un científico
Explica dos modos de evitar la erosión de una loma escarpada.

CAMBIOS CAUSADOS POR EL AGUA

(págs. 176-178)

1. ¿Cómo se vuelven redondas y lisas las piedras de un río?

2. ¿Cómo desgasta el agua congelada a las piedras?

Piensa como un científico

Explica por qué los caminos están en malas condiciones después de un invierno fuerte.

CAMBIOS CAUSADOS POR EL VIENTO

(págs. 179-180)

1. ¿Cómo pueden cambiar la corteza de la tierra los vientos fuertes?

2. ¿Como desgasta la arena a las rocas?

Piensa como un científico

Vives en un desierto. Los vientos soplan arena constantemente en tu casa. Haz un plan para evitarlo.

CAMBIOS CAUSADOS POR SERES VIVIENTES

(págs. 181-183)

1. Explica cómo este ser viviente está cambiando la corteza de la Tierra.

2. Di una forma en que los humanos cambian la corteza de la Tierra.

Piensa como un científico

Muchos trabajadores se ganan la vida cavando la corteza de la Tierra. Nombra tres tipos de trabajos que dependan de la corteza de la Tierra. Explica cómo los trabajadores dependen de la corteza de la Tierra.

10 Los recursos de la Tierra

LA TIERRA VEGETAL COMO RECURSO

(págs. 188-190)

1. ¿Qué son recursos naturales?
2. ¿De qué está hecha la tierra vegetal?
3. ¿Qué es el humus?

Piensa como un científico

Explica por qué no podrías encontrar mucho humus en el desierto. ¿Dónde esperarías encontrar mucho humus?

EL AIRE QUE NOS RODEA

(págs. 191-194)

1. ¿Qué es viento?
2. ¿Cuál gas forma la mayor parte del aire?
3. ¿Cómo se llama el aire que rodea la Tierra?
4. ¿Cómo causan la contaminación los siguientes: viento, fábricas, volcanes, carros?

Piensa como un científico

Los científiocs usan modelos para explicar sus ideas. Los modelos facilitan la comprensión de las ideas. También facilitan la descripción de las cosas. ¿En qué se parece la cáscara de una naranja a la atmósfera de la Tierra?

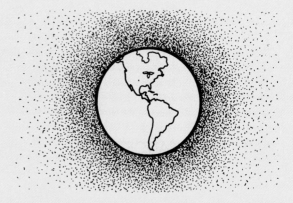

EL ABASTECIMIENTO DE AGUA DE LA TIERRA

(págs. 195-197)

1. ¿Qué es un depósito?
2. Describe el riego o irrigación.
3. Nombra cuatro lugares donde se encuentre agua.

Piensa como un científico

Describe cuatro formas en que la gente use el agua de los depósitos o embalses.

LA ENERGÍA DE LA TIERRA
(págs. 198-199)

1. Nombra tres combustibles que vienen de la corteza de la Tierra.
2. ¿Por qué los combustibles son recursos naturales importantes?
3. ¿Cuándo dan energía los combustibles?

Piensa como un científico

¿Por qué es tan importante no desperdiciar recursos naturales como el carbón, el petróleo y el gas?

OTROS RECURSOS
(págs. 200-201)

1. ¿Qué son los minerales?
2. ¿Por qué los metales son recursos naturales importantes?

3. ¿Qué son gemas?
4. ¿Cómo se usan estos recursos naturales?

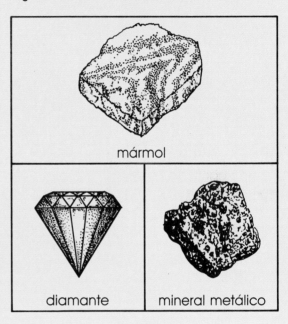

mármol

diamante

mineral metálico

Piensa como un científico

Haz un lista del uso de los metales en tu casa. ¿Cómo cambiaría tu vida sin estos metales?

11 El tiempo a tu alrededor

LA TIERRA SE CALIENTA
(págs. 206-207)

1. ¿Qué le pasa a la luz del Sol al dar en la Tierra?
2. ¿Por qué hace más calor en un día de Sol que en un día nublado?

Piensa como un científico

Supongamos que dos ciudades tienen la misma temperatura. También tienen la misma cantidad de agua en el aire. Pero, una ciudad estuvo nublada por la noche y la otra no. ¿En cuál ciudad hubo una noche más fresca? ¿Por qué?

LAS ESTACIONES
(págs. 208-210)

1. ¿Por qué hace más calor en el verano que en el invierno?
2. ¿Qué causa las estaciones?

Piensa como un científico

En el Polo Norte y en el Polo Sur siempre parece invierno. Explica por qué son tan fríos.

LAS SUPERFICIES SE CALIENTAN DISTINTO
(págs. 211-212)

1. ¿Por qué es más fresco el aire sobre el agua que sobre la tierra durante el día?
2. ¿Cuál caja absorbería más luz? ¿Por qué?

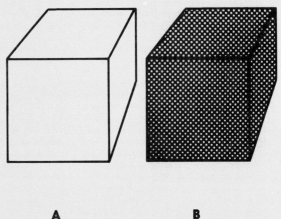

A   B

3. ¿Por qué las diferencias en la temperatura causan el movimiento del aire?

Piensa como un científico

En los climas fríos los puentes a menudo tienen un rótulo que dice: "El agua se congela en el puente antes que en la carretera." ¿Por qué crees que el agua se congela primero en el puente?

EL AGUA EN EL AIRE

(págs. 213-214)

1. ¿Qué le pasa al agua en un charco cuando brilla el Sol?

2. ¿Qué es el rocío?

Piensa como un científico

Los astronautas a veces tienen problemas con el agua en el aire. Tienen una máquina parecida a una aspiradora que les permite bañarse en su nave espacial. ¿Qué crees que hace esta máquina?

LAS NUBES

(págs. 215-217)

1. Explica en qué parte del cielo están estas nubes.

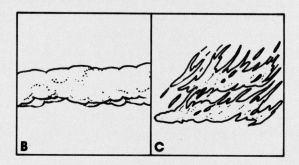

2. ¿Cuáles nubes a menudo traen lluvia?

Piensa como un científico

Algunos días está nublado pero no llueve. Otros días está nublado y llueve. Explica por qué ocurre esto.

EL CICLO DEL AGUA

(págs. 218-220)

1. ¿Cuáles son tres cosas que podrían pasarle a la lluvia después que cae?

2. ¿Qué es el ciclo del agua?

Piensa como un científico

¿Qué le pasaría al ciclo del agua si los mares estuvieran cubiertos de petróleo?

12 El Sol, la Luna y los planetas

MIREMOS LA LUNA Y EL SOL
(págs. 226-229)

1. ¿Por qué la Luna parece más grande que las estrellas en el cielo?
2. Escribe los nombres de las áreas de la Luna. Muéstralas en el dibujo.

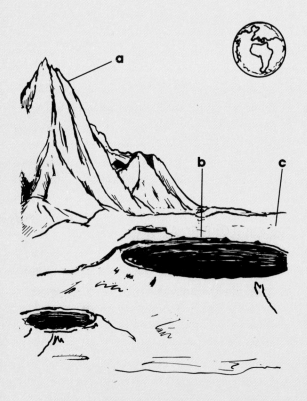

3. ¿De qué es el Sol?

Piensa como un científico

Algunas veces los científicos pueden averiguar las respuestas a las preguntas sin observar nada. Los científicos están más o menos seguros de cómo se formaron los cráteres en la Luna. Nunca han observado cómo se formaron. Lo que han observado son cráteres parecidos que se formaron en la Tierra. ¿Cómo podrías demostrar la formación de los cráteres usando una piedra y lodo?

LOS MOVIMIENTOS EN EL ESPACIO
(págs. 230-231)

1. ¿Por qué se le llama satélite a la Luna?
2. ¿Qué es una órbita?
3. ¿Cuál es la diferencia entre una rotación y una revolución?

Piensa como un científico

La Tierra se revuelve y gira. Muchas cosas a tu alrededor se revuelven y giran. Nombra tres cosas que se revuelvan. Nombra tres cosas que giren.

LAS FASES DE LA LUNA

(págs. 232-233)

1. ¿Cuánto se tarda la Luna para hacer una órbita alrededor de la Tierra?
2. ¿Durante qué mitad de la órbita de la Luna podemos ver más de la superficie de la Luna cada noche?

Piensa como un científico

Una mitad del lado iluminado de la Luna puede verse durante el cuarto creciente y el cuarto menguante de la Luna. ¿En qué se diferencia la Luna en estos dos cuartos?

LOS ECLIPSES

(págs. 234-236)

1. Escribe la clase de eclipse que ves en cada uno de los dibujos.

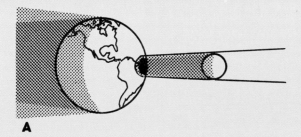

A

B

Piensa como un científico

Los esclipses de la Luna y del Sol aterrorizaban a la gente en tiempos pasados. ¿Por que crees que se asustaban?

LOS PLANETAS

(págs. 237-239)

1. ¿Cuántos planetas conocidos hay?
2. ¿Qué objetos grandes componen el sistema solar?
3. ¿Cuáles planetas son más calientes que la Tierra? ¿Por qué?

Piensa como un científico

En 1979, Plutón se acercó más al Sol que Neptuno. Plutón estará más cerca del Sol que Neptuno en los próximos 20 años. ¿En qué se diferenciarán estos dos planetas en los próximos 20 años?

CONSÉRVATE LIMPIO
(págs. 250-253)

1. ¿Qué son hábitos o costumbres?
2. Explica qué buena costumbre de salud se está practicando en cada dibujo.

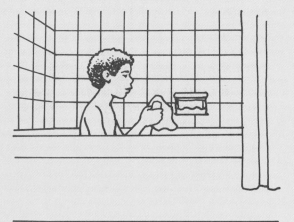

C

A

B

Piensa como un científico

Los inventores por lo regular nos ayudan a resolver problemas científicos. Nombra cinco inventos que faciliten las buenas costumbres de salud en la casa.

EL CUIDADO DE LOS DIENTES
(págs. 254-256)

1. ¿Cuándo es mejor cepillarte los dientes?
2. ¿Qué es la placa?
3. ¿Qué causa las caries?
4. ¿Por qué debes ir al dentista?

Piensa como un científico

Supongamos que estás estudiando las caries de los dientes. El grupo A, por lo regular, come carne, vegetales y fruta. El grupo B come, por lo regular, grandes cantidades de dulces, pasteles y bebe sodas. Después de un año, el grupo B tiene más caries que el grupo A. ¿A qué conclusión llegarías?

EL EJERCICIO Y EL DESCANSO
(págs. 257-260)

1. ¿Por qué es importante el ejercicio para tu salud?
2. ¿Con qué frecuencia debes de hacer ejercicio?
3. ¿Por qué tu cuerpo necesita dormir?

Piensa como un científico

Haz un experimento para comprobar que dormir es importante.

LOS HÁBITOS DE SEGURIDAD
(págs. 261-263)

1. Da tres ejemplos de hábitos de seguridad cuando andas en bicicleta.

2. En cada dibujo, explica la señal de mano que debe usarse.

Piensa como un científico

Los científicos hacen experimentos para averiguar cómo ve los colores la gente. Estos experimentos han comprobado que los colores claros se ven más fácilmente en la noche que los colores oscuros. ¿Cómo usa la gente este hecho para enseñar los buenos hábitos de seguridad?

14 La nutrición

LA NECESIDAD DE ALIMENTO

(págs. 268-269)

1. ¿Por qué es importante para tu cuerpo el alimento que comes?
2. Nombra tres alimentos que den mucha energía.

Piensa como un científico

Los corredores de largas distancias comen mucho pan, papas y espagueti los días antes de la carrera. ¿Por qué crees que lo hacen?

CLASES DE ALIMENTOS

(págs. 270-274)

1. ¿Qué son los nutrimentos?
2. Escribe los nombres del nutrimento que encontramos en cada uno de éstos.

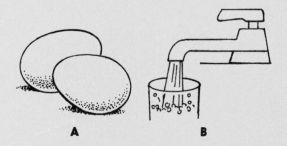

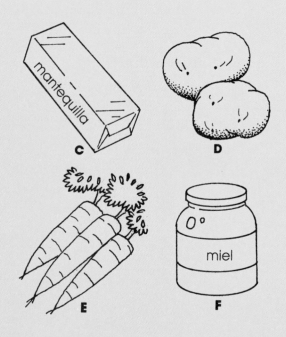

Piensa como un científico

Hace muchos años, los marineros tenían a menudo una enfermedad de la piel llamada escorbuto. Cuando estaban en el mar, no comían naranjas, frutas ni vegetales. Las frutas y los vegetales se echaban a perder en los barcos. Cuando llegaban a tierra firme, sí comían frutas y vegetales. En tierra firme no les daba escorbuto. Describe lo que crees que le pasaba a los marineros.

LOS GRUPOS DE ALIMENTOS
(págs. 275-278)

1. ¿Qué es una dieta balanceada?
2. Mira los nombres de los alimentos de abajo. Busca los errores. Escribe los alimentos en el orden correcto del grupo al que pertenezcan.

productos lácteos	carnes
huevos	mantequilla
pan	nueces
peras	queso

frutas y verduras	panes y cereales
leche	arroz
cebollas	pescado
puerco	chícharos

Piensa como un científico

Los astronautas necesitan una dieta balanceada. Los científicos del espacio hicieron ensayos para saber cuáles alimentos serían fáciles de llevar en las naves espaciales. Pronostica cuáles grupos de alimentos son difíciles de cocinar, comer y almacenar en el espacio.

LOS BUENOS HÁBITOS DE ALIMENTACIÓN
(págs. 279-281)

1. Nombra dos buenos hábitos al comer.
2. ¿Qué ocurre si comes más de lo que necesita tu cuerpo?
3. ¿Por qué debes comer alimentos naturales?

Piensa como un científico

Suponte que eres un médico. Tienes un paciente que está peligrosamente gordo. Describe tres planes diferentes para que tu paciente pierda peso poco a poco.

GLOSARIO

abono Una mezcla de materia vegetal podrida. El abono se usa para devolver los minerales a la tierra. *p. 71*

adulto La etapa final del crecimiento de los animales. *p. 10*

agua Una de las seis clases principales de nutrimento que necesita tu cuerpo. *p. 273*

almidón Alimento que se almacena en las semillas, raíces, tallos y hojas de las plantas verdes. *p. 62* Una de las seis clases principales de nutrimentos que tu cuerpo necesita. *p. 270*

árbol Una clase de planta de semilla que tiene un tallo principal llamado tronco. *p. 45*

arbusto Una clase de planta de semilla que es más chica que los árboles y tiene muchos tallos leñosos. *p. 45*

atmósfera La capa de aire alrededor de la Tierra. *p. 193*

átomo La partícula más pequeña que forma la materia. *p. 90*

aves de corral Aves como las gallinas y los guajolotes que se usan para alimento. *p. 23*

azúcar Una de las seis clases principales de nutrimentos que tu cuerpo necesita. *p. 270*

balanza La herramienta que se usa para medir la masa. Se llama también báscula. *p. 89*

cambio o alteración por agentes atmosféricos El desgaste y rotura de rocas por acción del agua y el viento. *p. 174*

cambio físico Cualquier cambio en el tamaño, la forma o el estado de la materia. *p. 96*

cambio químico Cuando una clase de materia se convierte en otra diferente. *p. 99*

carga El objeto que levanta o mueve una máquina. *p. 125*

caries Un hoyo en la cubierta exterior de los dientes. *p. 255*

cáscara de semilla Una cubierta de la semilla. *p. 54*

ciclo del agua El cambio en los estados del agua que sucede una y otra vez. *p. 218*

combustible Un material que se descompone para dar energía. *p. 198*

comunicación Enviar mensajes. *p. 154*

condensación El cambio de un gas a un líquido. *p. 98*

contaminación Cualquier cosa sucia en el agua o en el aire de la Tierra. *p. 193*

copos de nieve Cristales de hielo que se forman del vapor de agua cuando la temperatura en una nube está bajo el punto de congelación. *p. 217*

corteza La capa exterior de la Tierra. La corteza es mayormente sólida y rocosa. *p. 168*

costumbre Algo que se hace sin pensar. *p. 250*

cráter Un área en forma redonda que se encuentra en la superficie de la Luna. *p. 228*

crisálida La tercera etapa de crecimiento de algunas clases de insectos. Una crisálida vive adentro de una cubierta dura. *p. 9*

cuerdas vocales Pliegues especiales de músculo que se encuentran en la garganta. Se mueven hacia atrás y hacia adelante para hacer sonidos en la garganta. *p. 154*

cuero La piel de los animales como el ganado vacuno, las ovejas y los cerdos. *p. 26*

cuña Una clase de máquina simple formada por dos planos inclinados. *p. 129*

depósito Un lugar donde se almacena el agua. *p. 196*

deslumbre solar Un gigantesco chorro de gas ardiente que explota en la superficie del Sol. *p. 229*

dieta Todos los alimentos que tú comes. *p. 275*

dióxido de carbono Un gas que se encuentra en el aire. Las plantas usan dióxido de carbono para hacer su alimento. *p. 48*

eclipse El efecto que se produce cuando un cuerpo en el espacio pasa por la sombra de otro objeto en el espacio. *p. 234*

eclipse de Luna El oscurecimiento de la Luna cuando pasa por la sombra de la Tierra. *p. 235*

eclipse de Sol El oscurecimiento del Sol cuando la Luna pasa entre el Sol y la Tierra. *p. 235*

eco El sonido que rebota al topar con un objeto. *p. 153*

energía La capacidad de realizar trabajo. *p. 117*

engrane Una máquina simple que se parece a la rueda y el eje. Un engrane es una rueda con dientes. *p. 134*

enredadera Una clase de planta de semilla que tiene tallos suaves y que se trepa en algo conforme crece. *p. 47*

erosión El movimiento de piedras, tierra y arena causado por el agua o por el viento. *p. 175*

escarcha Cristales de hielo que se forman cuando el vapor de agua se congela sobre un objeto. *p. 114*

extinto Cuando una clase de planta o animal desaparece para siempre. *p. 34*

evaporación La conversión de un líquido en un gas. *p. 98*

fase Un cambio en la apariencia de la Luna. *p. 232*

fricción Una clase de fuerza que hace más lento o detiene por completo un movimiento. *p. 113*

fuerza El tirar o el empujar que se necesita para mover algo. *p. 106*

gaseoso Un estado de la materia. Un gas siempre tiene la misma forma que su envase. *p. 91*

gema Un mineral muy bonito, como el diamante, que algunas veces se encuentra en una piedra. *p. 201*

germinar El crecimiento de una semilla a una planta. *p. 55*

granizo Gotas de lluvia congeladas. *p. 217*

grano Una semilla de ciertos pastos como avena, trigo, arroz y el maíz. *p. 65*

grasa Una de las seis clases de nutrimentos importantes que tu cuerpo necesita. *p. 271*

gravedad La fuerza de un objeto que tira de otro. La gravedad atrae las cosas hacia la Tierra. *p. 109*

hierba Una clase de planta de semilla pequeña, que tiene el tallo suave. *p. 46*

hilo dental Una clase de hilo especial para limpiar los dientes. *p. 255*

huevo La primera etapa de crecimiento de algunas clases de animales. El huevo contiene todo lo necesario para formar un nuevo animalito. *p. 9*

humus Pedacitos de materia de plantas y animales que se encuentran en la tierra. El humus regresa los materiales útiles a la tierra. *p. 198*

larva La segunda etapa de crecimiento de algunos insectos. *p. 9*

lava Las rocas derretidas que salen de un volcán. *p. 173*

líquido Un estado de la materia. Un líquido siempre tiene la misma forma que su envase. *p. 91*

lubricante   Una sustancia, como la grasa o el aceite, que reduce la fricción. *p. 114*

magma   Rocas derretidas que están adentro de la corteza de la Tierra. *p. 172*

magnetismo   Una fuerza que atrae algunos metales. *p. 112*

mamíferos   Los animales que tienen pelo y se crían con la leche de la madre. *p. 6*

mantillo   La capa superior de tierra. *p. 189*

manto   La capa de la Tierra que está debajo de la corteza. El manto está hecho de un material rocoso. *p. 169*

máquina   Cualquier herramienta que facilita el trabajo. *p. 124*

máquina compuesta   Una máquina que se hace de dos o más máquinas simples. *p. 138*

máquina simple   Una máquina con muy pocas o ningunas partes movedizas. *p. 124*

masa   La medida de la cantidad de materia que hay en un objeto. *p. 89*

materia   Cualquier cosa que ocupe espacio y tenga masa. *p. 88*

microbio   Una cosa viviente muy pequeña que hace que la gente se enferme. *p. 250*

mildiú   Una clase de planta que crece en lugares húmedos y de sombra. *p. 75*

mineral   Una piedra que contiene metal. *p. 230*

minerales   Una de las seis principales clases de nutrimentos que tu cuerpo necesita. *p. 272*

ninfa   La segunda etapa de crecimiento de algunos insectos. La ninfa es como un adulto pequeñito sin alas. *p. 11*

nube   Millones de minúsculas gotas de agua que se forman cuando el vapor se reúne en partículas de polvo. *p. 215*

núcleo   La capa de la Tierra debajo de la corteza. El núcleo es la parte más caliente de la Tierra. *p. 169*

nutrimentos   Los componentes de los alimentos que ayudan a una persona a crecer y que le dan energía. *p. 270*

órbita   El camino que sigue un satélite. *p. 230*

oxígeno   Un gas que se encuentra en el aire. Las plantas dan oxígeno. La mayoría de las cosas vivientes necesitan oxígeno para vivir. *p. 49*

palanca   Una clase de máquina simple que se usa para levantar o para mover objetos. *p. 125*

peligro de extinción Cuando quedan pocos ejemplares de una clase de plantas o animales. *p. 29*

placa Una sustancia pegajosa que se forma en la superficie de los dientes. La placa puede causar la caries. *p. 255*

planeta Un cuerpo que gira en una órbita alrededor del Sol. Hay nueve planetas en el sistema solar. *p. 237*

plano inclinado Una clase de máquina simple. Un plano inclinado es una superficie inclinada que facilita mover objetos a lugares más altos. *p. 128*

plumón Plumas suaves cerca de la piel de aves como los patos y los gansos. *p. 25*

polea Una clase de máquina simple. Una polea es una rueda con una cuerda alrededor. Se usa para mover objetos de lugares que son difíciles de alcanzar. *p. 135*

polea movediza Una polea que se mueve conforme se mueve la carga. *p. 136*

polea fija Una polea que no se mueve cuando se está usando. *p. 136*

precipitación El agua que cae en forma de lluvia, nieve o hielo. *p. 217*

proteínas Una de las seis clases importantes de nutrimentos que tu cuerpo necesita. *p. 271*

punto de congelación La temperatura a la que el agua comienza a congelarse (0°C). *p. 97*

punto de ebullición La temperatura a la cual el agua empieza a hervir. *p. 97*

raíces de zanco Raíces extras que crecen por los lados del tallo. *p. 42*

raíz fibrosa Una de muchas raíces pequeñas. Estas son todas casi del mismo tamaño. *p. 41*

raíz principal Una raíz grande con otras pequeñas. *p. 41*

recursos naturales Materiales útiles que vienen de la tierra. *p. 188*

refugio para animales silvestres Un lugar a salvo donde viven los animales silvestres. *p. 34*

revolución El movimiento de la Tierra y de la Luna en sus órbitas. *p. 231*

riego o irrigación de la siembra El regadío de las cosechas cuando no hay suficiente lluvia. *p. 196*

rocío Gotas que se forman cuando el vapor de agua toca objetos fríos. *p. 214*

rotación El movimiento de girar (como trompos) de algunos cuerpos en el espacio. *p. 231*

rueda y eje Una clase de máquina simple que está hecha de una rueda que da vueltas sobre un poste central. *p. 132*

satélite Un cuerpo en el espacio que da vueltas alrededor de un cuerpo más grande. *p. 230*

sistema solar El Sol y los planetas que lo orbitan. *p. 237*

sólido Un estado de la materia. Un sólido tiene siempre su propia forma. *p. 91*

sonido reflejado Un sonido que ha cambiado la dirección de su movimiento. *p. 152*

terremoto Un movimiento de las capas de rocas en la corteza de la Tierra. *p. 171*

tono Lo alto o lo bajo de un sonido. *p. 147*

tornillo Una clase de máquina simple que es como un plano inclinado enroscado en un poste central. *p. 130*

trabajo El uso de la fuerza para mover algo. *p. 115.*

vapor de agua El agua en forma gaseosa. *p. 96*

vibración El movimiento de lado a lado de la materia. Algunos sonidos causan vibraciones. *p. 144*

viento El movimiento del aire. *p. 212*

vitaminas Una de las seis clases principales de nutrimentos que necesita tu cuerpo. *p. 272*

volcán Una apertura en la corteza de la tierra por la cual salen ardientes rocas derretidas. *p. 172*

volumen Lo fuerte o lo suave de un sonido. *p. 145*

ÍNDICE ALFABÉTICO DE MATERIAS

CRÉDITOS

Cover: Taylor Oughton
Other art: Michael Adams, David Hanum, Kathy Hendricksen, Gregory Hergert, Phillip Jones, Joseph LeMonnier, John Lind, Rebecca Merrilees, Taylor Oughton, Heidi Palmer.

Unit One 1: *t.l.* E.R. Degginger; *m.l.* Tom Stack/Tom Stack & Associates; *b.l.* Leonard Lee Rue III; *t.m.* Grant Heilman Photography; *t.r.* Bob & Clara Calhoun/Bruce Coleman; *b.m.* Charles Paler—Earth Scenes/Animals Animals; *b.r.* Breck P. Kent.

Chapter 1 2–3: Carol Hughes/Bruce Coleman. 4: E.R. Degginger. 5: © Tom McHugh/Photo Researchers, Inc.; except *t.r.* Jane Burton/Bruce Coleman. 6: *t.l.* © Phil A. Dotson/Photo Researchers, Inc.; *b.l.*, *b.r.* John Colwell/Grant Heilman Photography. 7: Victoria Beller-Smith for Silver Burdett. 8: Oxford Scientific Films/Animals Animals; except *b.r.* Sal Giordano III. 9: *l.* © James Dickinson/Photo Researchers, Inc.; *t.r.* Jen and Des Bartlett/Bruce Coleman; *b.r.* Grant Heilman Photography. 10: Grant Heilman Photography. 11: D.R. Specker/Animals Animals. 12: Victoria Beller-Smith for Silver Burdett. 13: Jen and Des Bartlett/Bruce Coleman. 14: *t.* © Arthur C. Twomey/Photo Researchers, Inc.; *b.* Arthus-Bertrand/Peter Arnold, Inc. 15: *t.l.* John Colwell/Grant Heilman Photography; *t.r.* Animals Animals; *b.l.* © Tom McHugh/Photo Researchers, Inc. 16: Stouffer Productions, Ltd./Animals Animals 17: C. Haagner/Bruce Coleman.

Chapter 2 20–21: Jen and Des Bartlett/Bruce Coleman. 22: *t.l.* Grant Heilman Photography; *b.l.* Dan De Wilde for Silver Burdett; *r.* Phil Degginger/Bruce Coleman. 23: *l.* © Ronny Jaques/Photo Researchers, Inc.; *r.* Ted Spiegel/Black Star. 24: *t.r.* Bill Gillette/Stock, Boston; *b.* © Milton J. Heiberg/Photo Researchers, Inc. 25: *t.* Phil Degginger; *b.l.* Gerhard Gscheidle/Peter Arnold, Inc.; *b.r.* Silver Burdett. 26: Silver Burdett. 27: *t.* E. Hanumantha/Photo Researchers, Inc.; *m.* Joe Monroe/Photo Researchers, Inc.; *b.* E.R. Degginger. 28: *t.* Silver Burdett. 29: *t.* Dan De Wilde for Silver Burdett. 30: *t.* E.R. Degginger. *m.* © Kenneth W. Fink/National Audubon Society Collection/Photo Researchers, Inc.; *b.* Joe Van Wormer/Bruce Coleman. 31: *t.* © George Holton/Photo Researchers, Inc.; *b.* © Suen-O Lindblad/Photo Researchers, Inc.. 32: Jeff Foott/Bruce Coleman. *inset* David deVries/Bruce Coleman. 33: Victoria Beller-Smith for Silver Burdett. 34: *t.* Courtesy The American Museum of Natural History; *b.* Adolf Schmidecker/Alpha. 35: *l.* Jeff Foott/Bruce Coleman; *r.* Robert P. Carr/Bruce Coleman.

Chapter 3 38–40: E.R. Degginger. 42: Stephen J. Krasemann/Peter Arnold, Inc. 43: *t.* Runk/Schoenberger/Grant Heilman Photography; *b.l.* Dan Clark/Grant Heilman Photography; *b.r.* Grant Heilman Photography. 44:Silver Burdett. 45: *t.* © Kenneth W. Fink/Photo Researchers, Inc.; *b.l.* Leonard Lee Rue III; *b.r.* E.R. Degginger—Earth Scenes/Animals Animals. 46: *t.l.* © V.P. Weinland/Photo Researchers, Inc.; *t.r.* Rod Planck/Tom Stack & Associates; *b.* Grant Heilman Photography. 47: *t.l.* Grant Heilman Photography; *t.r.* Runk/Schoenberger/Grant Heilman Photography; *b.* E.R. Degginger. 49: *t.l.* © Tom McHugh/Photo Researchers, Inc.; *t.r.* Brian Milne—Earth Scenes/Animals Animals; *b.l.* Breck P. Kent; *m.r.* Silver Burdett; *b.r.* Breck Kent. 50: Dan De Wilde for Silver Burdett. 51: *t.l.* E.R. Degginger; *t.r.* Holt Confer/Grant Heilman Photography; *m.r.* M. Austerman—Earth Scenes/Animals Animals; *b.l.* E.R. Degginger; *b.r.* Grant Heilman Photography. 52: *t.* W.H. Hodge/Peter Arnold, Inc; *all insets* Runk/Schoenberger/Grant Heilman Photography; *b.* John Colwell/Grant Heilman Photography. 53: *t.* Silver Burdett; *b.l.* Runk/Schoenberger/Grant Heilman Photography. 54: *t.l.*, *r.* Breck P. Kent; *b.l.* Grant Heilman Photography. 55: © William Harlow/National Audubon Society/Photo Researchers, Inc. 56: Victoria Beller-Smith for Silver Burdett.

Chapter 4 60–61: Dan De Wilde for Silver Burdett. 62–64: Silver Burdett. 65: Grant Heilman Photography. 66: *t.l.* George Harrison/Bruce Coleman; *r.* © Townsend P. Dickinson/Photo Researchers, Inc.; *inset* Barry L. Runk/Grant Heilman Photography. 67: Silver Burdett. 68: *t.* Silver Burdett; *b.* © 1985 John Blaustein/Woodfin Camp & Associates. 69: Silver Burdett. 70: *t.* Michael Newler/The Stock Shop; *b.* S. Rannels/Grant Heilman Photography. 71: *l.*, *t.r.* Grant Heilman Photography; *b.r.* Robert P. Carr/Bruce Coleman. 72: *t.* Martin Rotker/Taurus Photos; *b.* © Dr. William Harlow/Photo Researchers, Inc. 73: *t.* Grant Heilman Photography; *m.* © Bruce Roberts/Photo Researchers; *b.* Silver Burdett. 74: *t.l.*, *m.l.* Silver Burdett; *b.l.* © Brian Brake/Photo Researchers, Inc.; *r.* Vance Henry/Taurus Photos; *inset* Hickson-Bender Photography for Silver Burdett. 75: *t.* D. Lyons/Bruce Coleman; *b.* © Russ Kinne/Photo Researchers, Inc. 77: Silver Burdett. 80: *l.* © Kent and Donna Dannen/Photo Researchers, Inc.; *t.r.* © Charles R. Belinky/Photo Researchers, Inc.; *b.r.* © Larry Mulvehill/Photo Researchers, Inc. 81: Leonard Lee Rue III/Bruce Coleman.

Unit Two 84–85: *t.l.* Jim Tuten/Black Star; *b.l.* R.L. Williams/Taurus Photos; *t.r.* Focus on Sports; *b.r.* Dennis Hallinan/Freelance Photographers Guild.

Chapter 5 86–87: Silver Burdett. 88: Dan De Wilde for Silver Burdett. 89–95: Silver Burdett. 96: *l.* Silver Burdett; *r.* Dan De Wilde for Silver Burdett. 97: *l.* Issac Geib/Grant Heilman Photography; *r.* Larry P. Harris/Tom Stack & Associates. 98–99: Silver Burdett. 100: Victoria Beller-Smith for Silver Burdett. 101: Silver Burdett.

Chapter 6 104–105: Eric Carle/Shostal Associates. 106: *l.* Dan De Wilde for Silver Burdett; *r.* Imagery. 107: Silver Burdett. 108: Zimmerman/Alpha. 109: Ken Regan/Camera 5. 110: *t.* Courtesy, Los Angeles Dodgers; *b.* Dan De Wilde for Silver Burdett. 111–112: Silver Burdett. 113: Atoz Images. 114: Silver Burdett. 115: Richard Choy/Peter Arnold, Inc. 116: Silver Burdett; *r.* David Lee Guss/Shostal Associates. 118: Dan De Wilde for Silver Burdett. 119: *t.* Bill Anderson/Shostal Associates; *b.* Eric Carle/Shostal Associates.

Chapter 7 122–123: Michal Heron. 124: *t.l.*, *m.l.* Silver Burdett; *b.l.* Michael Philip Manheim/The Stock Shop; *b.r.* D.C. Lowe/Shostal Associates. 125: Dan De Wilde for Silver Burdett. 126: *t.l.*, *t.r.* Dan De Wilde for Silver Burdett; *m.l.*, *b.l.* Silver Burdett. 127–128: Silver Burdett. 129: *t.l.* Tom Myers; *t.r.* Silver Burdett; *b.r.* Michal Heron. 130–136: Silver Burdett. 137: Peter Beck/Alpha. 138–139: Silver Burdett.

Chapter 8 142–143: E.R. Degginger. 144–145: Silver Burdett. 146: Victoria Beller-Smith for Silver Burdett. 147: *l.* © Jim Carter/Photo Researchers, Inc.; *t.r.* © Gerry Souter/Photo Researchers, Inc.; *b.r.* E.R. Degginger. 148: Dan De Wilde for Silver Burdett. 149: NASA. 150: © Tom McHugh/Photo Researchers, Inc. 151: Silver Burdett. 152: Dan De Wilde for Silver Burdett. 153: *t.l.*, *b.l.* Silver Burdett; *t.r.*, *b.r.* Frank Siteman/Stock Boston. 155: *t.* David C. Rentz/Bruce Coleman; *b.* Rod Olanck/Tom Stack & Associates. 156: © Tom McHugh/Photo Researchers, Inc. 157: Silver Burdett. 160: Silver Burdett. 161: Edison National Historic Site.

Unit Three 164: E.R. Degginger. 164–165: Robert McKenzie/Tom Stack & Associates. 165: *l.* Fredrik D. Bodin/Stock, Boston; *r.* Frank Siteman/Stock. Boston.

Chapter 9 166–167: Grant Heilman Photography; 169: *l.* © Robert Bornemann/Photo Researchers, Inc.; *r* Alan Pitcairn/Grant Heilman Photography. 170: Silver Burdett. 171: J.R. Eyerman/Black Star. 173: Ken Sakamoto/Black Star. 174–175: Grant Heilman Photography. 176: Clyde Smith/Peter Arnold, Inc. 177: *l.* © 1985 Nathan Benn/Woodfin Camp & Associates; *r.* Norman Tomalin/Bruce Coleman. 178: Silver Burdett. 179: *t.* Arnold Zann/Black Star; *b.* E.R. Degginger. 180: *t.* Phil Degginger; *b.* © Harald Sund. 181: *l.* Eric Carle /Shostal Associates; *r.* Jeffrey E. Blackman/The Stock Shop. 182: Grant Heilman Photography. 183: C.G. Summers, Jr./Bruce Coleman.

Chapter 10 186–187: E.R. Degginger. 188: *t.* M. Vanderwall/Leo DeWys; *b.* Warren Dick/Shostal Associates. 189: Silver Burdett. 190: Victoria Beller-Smith for Silver Burdett. 191: *t.* Dick Garvey/West Stock; *b.* Phil Degginger. 192: Alan Pitcairn/Grant Heilman Photography. 193: *t.* Jose M. Rosario/Shostal Associates; *b.* © Longview Daily News 1980 by Roger Werth/Woodfin Camp & Associates. 194: Silver Burdett. 195: Jim Holland/Black Star. 196: *t.* Robert McKenzie/Tom Stack & Associates. *b.* Grant Heilman Photography. 197: *t.l.* © 1985 Martin Rodgers/Woodfin Camp & Associates; *b.l.* Silver Burdett; *t.r.* Laurent Madus/Gamma-Liaison. 198: Silver Burdett. 199: *l.* Frank Grant/International Stock Photo; *m.* E.R. Degginger; *r.* Nik Wheeler/Black Star. 200: *l.* Tom Tracy/The Stock Shop; *r.* E.R. Degginger. 201: © 1985 Michal Heron/Woodfin Camp & Associates; *b.r.* Hickson-Bender Photography for Silver Burdett; *t.r.* © Paolo Koch/Photo Researchers, Inc.

Chapter 11 204–205: © Tom McHugh/Photo Researchers, Inc. 206: George Rockwin/Bruce Coleman. 207: E.R. Degginger. 210: Victoria Beller-Smith for Silver Burdett. 211: *t.* © Russ Kinne/Photo Researchers, Inc.; *b.* © Tom Carroll/Alpha. 212: Cary Wolinsky/Stock, Boston. 213: *t.* John Curtis/Taurus Photos; *b.* © Lynn Hoffman/Woodfin Camp & Associates. 214: *t.* Gary Milburn/Tom Stack & Associates; *m.* Michael P. Gadomski/Bruce Coleman. *b.* Victoria Beller-Smith for Silver Burdett. 215: *t.* Douglas Foulke/The Stock Shop; *m.* Ron Dillon/Tom Stack & Associates; *b.* B. Cory Kilvert, Jr./The Stock Shop. 216: Cary Wolinsky/Stock, Boston. 217: *l.* Runk/Schoenberger/Grant Heilman Photography; *t.r.* Clyde Smith/Peter Arnold, Inc; *b.r.* John Shaw/Tom Stack & Associates. 218: Grant Heilman Photography. 220: Silver Burdett.

Chapter 12 224–225: NASA. 226: Silver Burdett. 227: *l.* NASA; *r.* E.R. Degginger. 228: *l.* Tersch Enterprises; *r.* NASA. 229: *l.* Silver Burdett; *b.* NASA. 231: Silver Burdett. 232–233: Tersch Enterprises. 234: Dan De Wilde for Silver Burdett. 235: Tersch Enterprises. 236, 238: Silver Burdett. 239: NASA. 242: *l.* Silver Burdett; *t.r.* L.L.T. Rhodes/Taurus Photos; *b.r.* NASA. 243: © Georg Gerster/Photo Researchers, Inc.

Unit Four 246: Michal Heron. 246–247: Medichrome/The Stock Shop. 247: *t.r.* Eric Fotran/Gartman Agency; *b.r.* Chuck Muhlstock/Focus on Sports.

Chapter 13 248–249: West Stock. 250–251: Imagery. 252: *t.* Imagery; *b.* Michal Heron. 253: Victoria Beller-Smith for Silver Burdett. 254–255: Copyright by the American Dental Association. Reprinted by Permission. 256: Michal Heron. 257: Jeffrey Reed/The Stock Shop. 258: *t.* Porges/Peter Arnold, Inc.; *b.* Dan De Wilde for Silver Burdett. 259: John Lei/Stock, Boston. 260: Silver Burdett. 261, 263: Dan De Wilde for Silver Burdett.

Chapter 14 266–267: Dan De Wilde for Silver Burdett. 268: *l.* Dan De Wilde for Silver Burdett; *r.* Elizabeth Crews/Stock, Boston. 269: Silver Burdett; except *b.l.* © George Leavens/Photo Researchers, Inc. 270: *l.* Focus on Sports; *r.* Silver Burdett. 271: *l.*, *b.r.* Silver Burdett; *t.r.* Jeffry W. Myers/West Stock. 272: Dan De Wilde for Silver Burdett. 273: *l.* Dan De Wilde for Silver Burdett; *r.* Silver Burdett. 274: Victoria Beller-Smith for Silver Burdett. 275: Dan De Wilde for Silver Burdett. 276: Martha Cooper. 277: Silver Burdett. 278: Victoria Beller-Smith for Silver Burdett. 279: Silver Burdett. 280: Jacques Jangoux/Peter Arnold, Inc. 281: P. Schyler/Stock, Boston. 284: *l.* © Stephen Feldman/Photo Researchers, Inc.; *t.r.* Silver Burdett; *b.r.* Tom Tracy/Medichrome/The Stock Shop. 285: American Cancer Society

1 2 3 4 5 6 7 8 9 10—VH—90 89 88 87 86 85 84

330